"中国丝绸文物分析与设计素材再造关键技术研究与应用"项目 (2013BAH58F00)

国家出版基金项目
NATIONAL PUBLICATION FOUNDATION

中国古代丝绸设计素材图系

ORNAMENTAL PATTERNS FROM ANCIENT CHINESE TEXTILES
MONOCHROME WOVEN SILKS

暗花卷

赵丰◎总主编　苏淼◎著

ZHEJIANG UNIVERSITY PRESS
浙江大学出版社

总　序

赵　丰

　　丝绸是中国古代最为重要的发明创造之一，距今已有五千多年的历史。自起源之日起，丝绸就是技术与艺术的完美结合。一方面，她是一项科学技术的创造发明。先人们栽桑养蚕，并让蚕吐丝结茧，巧布经纬将其织成锦绮，还用印花刺绣让虚幻仙境和真实自然在织物上体现。在这一过程中，就有着无数项创造发明，其中最为巧妙和重要的就是在提花机上装载了专门的花本控制织物图案，这直接启蒙了早期电报和计算机的编程设计。同时，丝绸印染也是我国古代科技史上的重大发明，汉代的雕版印花技术是最早的彩色套印技术，对印刷术的发明有直接的启发；而唐代的夹缬印染技术也是世界印染史上的一大创造发明，一直沿用至今。另一方面，丝绸更是一门艺术，一门与时尚密不可分的艺术。衣食住行衣为首，蚕丝纤维极好的服用性能和染色性能，使其色彩远较其他设计类型如青铜、瓷品等更为丰富。所以，丝绸能直接代表服用者的地位和特点，能直接代表人们对时尚和艺术的喜好；丝绸的艺术为东西方所推崇，成为古代中国最为重要、最受推崇的艺术设计门类。

　　与其他门类的文物相比，丝绸在中国历代均有丰富的遗存。最早的丝绸出土于五千多年前的新石器文化遗址中，在商周早期的各种遗存中也可以找到不少丝绸的实物。而完好精美的丝绸织绣服装在战国时期的墓葬中开始大量出现，如湖北的江陵马山楚墓、江西的李家坳东周墓。汉唐间的丝绸出土更是数量巨大、保存精好，特别是丝绸之路沿途出土的汉唐间的丝绸更为重要，其中包括了来自东西两个方向的丝绸珍品，丝绸图案中也体现了两种艺术源流的交融和发展。宋、元、明、清各代，除相当大数量的出土实物外，丝绸还有大量的传世实物。这些实物一部分保存在博物馆中，特别是如北京故宫博物院一类的皇家建筑之中；另一部分保存在布达拉宫等宗教建筑之中。这些丝绸文物连同更为大量的民间织绣，是中国丰富的文化遗产的一部分。

在丰富的实物遗存中，丝绸为我们留下了极好的设计素材，成为我们传承和创新的源泉。因此，由浙江凯喜雅集团和中国丝绸博物馆牵头，联合浙江大学、东华大学、浙江理工大学、浙江工业大学、浙江科技学院等高等院校，根据国家文化科技创新工程的要求，我们申报了"中国丝绸文物分析与设计素材再造关键技术研究与应用"项目（2013BAH58F00），开展了相关研究工作。其主要目的是加强高新技术与织造、印染、刺绣等中国传统工艺的有机结合，研究建立文化艺术品知识数据库，促进传统文化产业的优化与升级，在传承民族传统工艺特色的基础上，推陈出新，让古老的丝绸焕发新的生命力。

我们的项目从2013年开始，到2015年年底恰好三年，已基本完成。项目包括三个课题：一是丝绸文物信息提取与设计素材再造方法研究，二是丝绸文物专家系统研发，三是丝绸文物创新设计技术研究与技术示范。其中第一部分是中国丝绸文物的基本素材的收集与整理，这一课题的负责人是周旸，参与机构有中国丝绸博物馆、东华大学、浙江工业大学、浙江科技学院，其中设计素材部分的主要参加人员有王乐、徐铮、汪芳、赵帆、袁宣萍、苏淼、俞晓群、茅惠伟、顾春华、蒋玉秋、孙培彦等。我们按照收集的材料，把所有的设计素材整理分成十个部分出版。

这里，我们要感谢科技部和国家文物局站在历史和未来的高度提出这一文化科技创新项目的设计，感谢浙江省科技厅对我们申报这一项目的大力支持。感谢项目中三大课题组成员的相互配合，特别是感谢第一课题组各成员单位齐心合作，收集整理了数千件中国古代丝绸文物的设计素材。最后，我们也衷心感谢浙江大学出版社对中国丝绸博物馆和中国丝绸文化遗产保护的一贯支持，使得这一图系顺利出版。我们期待，这一图系能为祖国丝绸文化遗产的传承和发展起到应有的作用。

彩纹隐映——明清时期暗花类
丝绸织物上的丝织纹样

苏 淼

自2013年1月至2016年12月，在国家科技支撑计划项目"中国丝绸文物分析与设计素材再造关键技术研究与应用"（2013BAH58F00）项目实施期间，浙江理工大学材料与纺织学院、丝绸学院的师生团队参与了该项目的课题"丝绸文物信息提取与设计素材再造方法研究"（2013BAH58F01）的研究工作。根据课题任务与分工要求，我们与中国丝绸博物馆、东华大学等机构的研究人员共同承担了对明清时期暗花类丝绸织物纹样的采集和研究工作。此后，在海外文物的后续研究工作得到了教育部人文社会科学研究青年基金项目"17世纪中国输出俄国的丝绸艺术研究"（16YJCZH085）的资金支持，在浙江省及周边的文物调查中得到浙江省哲学社会科学重点研究基地·浙江省浙江历史文化研究中心研究课题"基于考古实物的浙江明代丝绸艺术研究"（16JDGH016）的支持。

课题组对明清时期暗花类丝绸文物资料进行了收集，侧重还未经系统研究或未公开发布的实物资料，范围包括国内出土文物、国内传世品、海外收藏的明清暗花织物及相关品种的丝织品，采集了400余件丝绸面料的实物信息，对采集对象、年代、出土或收藏地点、基本骨架、纹样元素、组织结构等方面做了详细的记录，选取其中300余件做成分析表格。在300余份表格中又精选出200余幅纹样绘成矢量图，并做了骨架提取、纹样单元提取、元素分解等一系列工作。课题组通过这一工作，以期对明清时期暗花类丝绸织物的丝织纹样风格、题材、构成等方面做个总结。

国内暗花类丝绸文物的信息采集涉及浙江嘉兴王店李家坟明墓、浙江桐乡濮院杨家桥明墓、江西星子明墓、江苏无锡七房桥明墓、江苏泰州胡玉墓、江苏泰州徐蕃夫妇墓、江苏泰州刘湘夫妇墓、江苏泰州森森庄明墓、江苏常州王洛家族墓、浙江缙云飞凤山明墓、安徽全椒清墓、孔府旧藏、清宫旧藏等墓葬出土或传世的明清暗花类及相关品种丝绸。课题组走访了收藏以上丝绸文物的多家博物馆和其他收藏机构，得到了中国丝绸博物馆、嘉兴博物馆、桐乡市博物馆、曲阜市文物局孔府文物档案馆、盐池县博物馆、泰州市博物馆等文物收藏机构的大力支持。

海外暗花类明清丝绸文物信息的采集涉及瑞典、俄罗斯、美国等国家的博物馆藏品，课题组也赴海外进行了访问研究，得到了瑞典军事博物馆、俄罗斯国家历史博物馆、俄罗斯克里姆林宫博物馆、俄罗斯艾尔米塔什博物馆、美国费城艺术博物馆等博物馆和机构的大力支持，并对其所藏明清暗花丝绸及相关品种特别是传世的丝织品进行了信息采集和研究。

课题组将采集到的纹样和织物信息做了阶段性整理和分析，如于2015年10月16日至10月17日在东华大学召开的"从江南到海北：明代丝绸生产技术与艺术国际小型研讨会"上做了交流报告，同与会的来自德国、俄罗斯、韩国以及北京故宫博物院、南京云锦研究所、东华大学、江南大学、浙江理工大学等单位的专家学者进行了交流和学习。经过四年的信息采集和研究工作，课题组对明清时期的暗花类丝绸织物的品种和纹样有了较为深入的了解，现对明清时期暗花类丝绸织物的研究情况总结如下。

一、纹样信息采集范围与对象

（一）瑞典藏俄国17世纪军旗所用中国丝织品

瑞典军事博物馆藏有大量用中国丝绸制作的俄国军旗，这些军旗是瑞典军队在18世纪初与俄国作战的数次战役中缴获的。2014年6月至8月，课题组2名研究人员赴斯德哥尔摩对瑞典军事博物馆藏俄国军旗用丝织品进行了信息采集，共完成了300多面俄国军旗的档案收集和面料分析工作，回国后对不同品种的丝织品和150多种不同纹样做了研究。这些军旗所涉及的丝绸面料共分为三类：第一类为平纹素织物，第二类为平纹地上经浮长显花织物，这两类数量皆不多；第三类为单层提花缎织物，这类占大多数。在单层提花缎织物中，有经纬同色的暗花缎，还有经纬异色的缎织物，织物纹样精美异常。课题组完成了对以上丝织品的种类、纹样分析以及丝织品基础资料卡的编辑整理和纹样复原工作。

（二）俄罗斯藏17、18世纪部分中国暗花丝织品

17世纪末至18世纪上半叶，俄国在建立起自己的丝绸生产作坊前，使用的大量丝绸起初来自波斯，后来主要来自中国。[1]如今在俄罗斯艾尔米塔什博物馆、俄罗斯国家历史博物馆、俄罗斯克里姆林宫博物馆等机构收藏有不少明清时期的中国丝绸，其中有部分暗花织物。2015年10月，课题组2名研究人员赴俄罗斯艾尔米塔什博物馆、俄罗斯国家历史博物馆、俄罗斯克里姆林宫博物馆对俄藏中国明清暗花丝绸进行了调研，与俄罗斯研究人员进行了交流，并在回国后结合图像与文献资料对俄罗斯收藏的部分暗花织物进行了纹样复原和信息提取。

（三）美国费城艺术博物馆藏明清经书裱封用暗花丝绸

美国费城艺术博物馆藏有500多片明清时期的经书裱封用丝绸。2014年9月至2015年1月，课题组2名研究人员赴美国费城艺术博物馆对其馆藏明清经书裱封用丝绸进行了组织结构及纹样的研究。这些丝绸有单层提花的暗花织物、色织物，也有重组织的花名与织金织物、妆花与妆金织物，也有部分刺绣制品。回国后课题组研究人员挑选其中的代表性丝绸进行了图案骨架提取、纹样单元提取、元素分解、色彩配置、组织分析等工作，这其中包括不少暗花类丝绸织物。

（四）浙江嘉兴王店李家坟明墓出土丝绸

2006年12月，嘉兴博物馆会同浙江省文物考古研究所对嘉兴王店李家坟明墓进行了清理。李家坟明墓出土的丝绸数量较多，质地种类有绸、纱、缎、绢等。[2]其中许多衣料与丝织品为暗花绸与暗花缎，如曲水地团凤织金双鹤胸背大袖衫的袍料曲水地团凤纹暗花绸、菱格卍字锦地开光蟠螭纹绸和禽鸟折枝纹缎袜等。2013至2015年，中国丝绸博物馆承担了李家坟明墓出土丝绸的保护和修复工作。本课题组研究人员对该批丝绸中的暗花织物进行了纹样复原、纹样单元提取和组织分析等工作。

---

[1] 孟什科娃. 俄罗斯的中国丝绸. 丝国之路——5000年中国丝绸精品展. 圣彼得堡：斯拉维亚出版社，2007：49-51.
[2] 吴海红. 嘉兴王店李家坟明墓清理报告. 东南文化，2009(2)：53-62.

（五）浙江桐乡濮院杨家桥明墓出土丝绸

2002年11月，桐乡市博物馆对桐乡濮院杨家桥明代墓葬进行了抢救性发掘清理。博物馆工作人员在清理时发现，墓主里外共穿了9层衣服，衣服的质地有缎、绸、绵、帛等。[1]2014年课题组研究人员对这批丝绸进行了织物组织分析、纹样采集等工作。经课题组研究，该墓出土的丝织品中有暗花缎、花缎、缎花绫以及平纹地的暗花绮等品种。课题组研究人员对该墓出土的部分暗花织物的纹样进行了纹样复原、纹样单元提取等研究工作。

（六）江苏泰州地区出土的明清暗花丝绸

江苏泰州从20世纪70年代至今，陆续发现了十几座明墓，其中7座墓葬中相继出土了300余件明代服饰。[2]泰州地区出土的明代服饰面料采用的丝绸品种非常丰富，有纱、缎、罗、绢、花罗、素绸、花绫等，这其中包含有大量的暗花织物。课题组研究人员赴泰州市博物馆对其馆藏的泰州地区出土的暗花织物进行了调研，重点对有较多暗花丝织物出土的胡玉墓、徐蕃夫妇墓、刘湘夫妇墓、森森庄明墓等几座墓葬的出土丝绸进行了信息和图像采集，得到了泰州市博物馆的大力支持。

此外，课题组还对江西星子明墓、江苏无锡七房桥明墓、江苏常州王洛家族墓、浙江缙云飞凤山明墓、安徽全椒清墓、孔府旧藏等所出的部分暗花类丝绸织物进行了纹样采集和研究。除实物采集外，课题组结合国内外其他博物馆、机构所藏文物的图像与文献资料进行了对比分析，并进行了年代判断和纹样的复原工作。

二、暗花类丝绸织物及其分类

暗花类丝绸是指经纬同色的单层提花丝织物。根据其地部组织的不同，可以分为平纹地暗花织物、斜纹地暗花织物、缎纹地暗花织物、绞经类暗花织物以及起绒类暗花织物。因绒类织物将另做专述，故本书仅对前四类明清暗花织物及与其紧密相关的丝绸品种叙述如下。

---

[1] 周伟民. 桐乡濮院杨家桥明墓发掘简报//浙江省博物馆. 东方博物（第二十五辑）. 杭州：浙江大学出版社，2007：49-57.
[2] 解立新. 江苏泰州出土明代服饰综述. 艺术设计研究，2015(1)：40-48.

（一）平纹地暗花织物

平纹地暗花织物是指以平纹组织为地部组织的经纬同色的单层提花织物。平纹地暗花织物出现较早，《说文》中有"绮，文缯也"，又《六书故》曰"织素为文曰绮"，这里的"文缯"就是有花纹的平素类织物，在汉代被称为"绮"，可与战国秦汉的出土实物相比较。到了魏晋南北朝时期，平纹地暗花织物数量与种类与日俱增，但此时被称为"绫"。尤其在唐宋时，一般的平纹地暗花织物均被称为"绫"，为了避免与斜纹组织为地的织物相混淆，我们亦可称之为"平纹绫"。唐代并丝织法、交梭工艺的出现，使得平纹地暗花织物织造起来效率更高。宋代出土的平纹地暗花织物多是以交梭工艺织成的。平纹地暗花织物在明清两代仍十分多见，清宫旧藏中就有各式平纹地暗花织物，亦称为"平纹绸"。

在课题组所采集的明清时期的平纹地暗花织物中，有平纹地上经浮长显花的，如瑞典军事博物馆藏俄国17世纪军旗上所用的中国散点花卉纹绮；有平纹地上隔经浮长起花的，如浙江桐乡濮院杨家桥明墓出土的朵花纹绮单裙所用面料（图1、图2）；有平纹地上隔纬浮长显花的，如浙江湖州康山明墓出土的一件菱格卍字纹绮绶带；有以平纹为地、3/1经斜纹显花的，如安徽全椒清墓所出缠枝花卉纹绮袍的面料（图3、图4）以及同墓所出的几何花卉纹绮枕的面料。这种以平纹为地、3/1斜纹显花的织物，与早期的绮组织相同。到清代还出现了平纹地上以八枚缎纹显花的织物，这是目前所知古代缎纹中能与平纹配合互为花地的唯一一种缎纹组织。[1]此外，清代平纹地上纬浮长显花的单层织物，有经纬异色的，如故宫藏清光绪年间杭州织造局所织的葡灰地万代福寿绸，以粉经黄纬织成。平纹地暗花织物在明清丝绸织物总量中所占比例并不高，但其作为最古老的丝绸品种之一仍旧在生产，特别在江南地区的明代墓葬中均有少量出土。清代浙江著名丝绸品种"花线春"也是平纹地暗花织物。

---

[1] 赵丰. 中国丝绸艺术史. 北京：文物出版社，2005：45.

图1 朵花纹绮

图2 朵花纹绮组织显微照

图3 缠枝花卉纹绮

图4 缠枝花卉纹绮组织显微照

（二）斜纹地暗花织物

斜纹地暗花织物是指以斜纹为地部组织的经纬同色的单层提花织物，古代称为"暗花绫"或"暗花绸"。白居易在《缭绫》中写道："缭绫缭绫何所似，不似罗绡与纨绮，应似天台山上月明前，四十五尺瀑布泉。中有文章又奇绝，地铺白烟花簇雪。织者何人衣者谁？越溪寒女汉宫姬。去年中使宣口敕，天上取样人间织。织为云外秋雁行，染作江南春水色。广裁衫袖长制裙，金斗熨波刀剪纹，异彩奇文相隐映，转侧看花花不定……"这里的"缭绫"指的应是一种经纬同色的斜纹地单层暗花织物，此诗写实地描述了缭绫的生产过程、工艺特点。"去年中使宣口敕，天上取样人间织"一句表明了宫中来样到民间织造再上贡宫中的生产模式以及织造这种精细品种的生产周期。"异彩奇文相隐映，转侧看花花不定"两句则精准地表达了暗花织物花纹隐约变化的视觉特点。从出土实物来看，宋辽金元时斜纹地暗花织物一直是服装的常用面料。在古代的斜纹地织物中，花部组织主要采用斜纹组织，平纹组织作花极少，缎纹组织作花可能唐代已有，元代发展，明代增多，此外还有浮长显花的织物，至明清时期变化更多。

古代斜纹地上斜纹显花的暗花织物有经纬同单位异方向组织、经纬同方向异单位组织以及经纬异单位异方向组织三类。[1]课题组所采集的明清时期的斜纹地斜纹显花的暗花织物，多为经纬同方向异单位组织的暗花织物，如嘉兴王店李家坟明墓出土的曲水地团凤织金双鹤胸背大袖衫所用袍料（图5、图6）和同墓所出的四季蜂蝶绸对襟上衣残片等多片面料，均为2/1S斜纹地上以1/5S斜纹起花。清代江南地区广泛生产和应用的"宁绸"就是同方向异单位的斜纹暗花绫。此外，清代有同单位同方向组织的绫出现，如北京故宫博物院所藏的三多墩兰纹绫[2]，为4/1和1/4同向斜纹互为花地的实例。

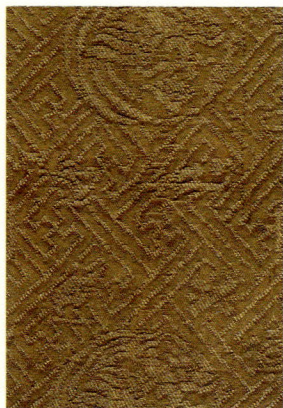

图5　曲水团凤纹绸

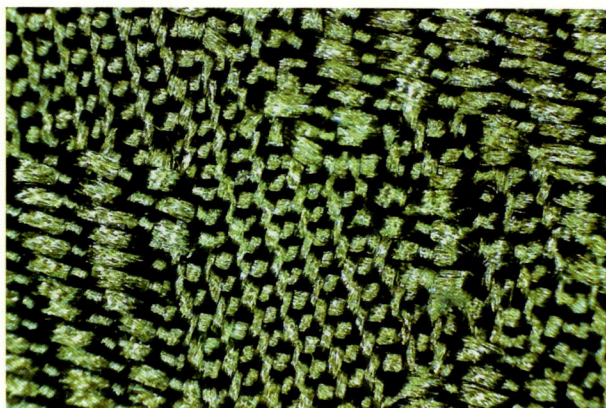

图6　曲水团凤纹绸组织显微照

以斜纹组织为地、缎纹组织显花的织物可称为"缎花绫"。最早的实物是新疆维吾尔自治区盐湖古墓2号墓出土的烟色牡丹纹暗花绸，王炳华先生断代为唐代。这种在唐代即出现的组织结构，在元代多有使用，到了明代也得到很好的传承。起初我们采集到的经纬异色的缎花绫组织实物，如一块出土于浙江桐乡濮院杨家桥明墓的福寿巾的上下两道黑色回纹和八宝纹条形装饰，由缎花绫组织织成，在2/1经面Z斜纹地上以纬面六枚变则缎纹显花。近期，我们在浙江湖州康山明墓出土丝织品中又发现多件服装上使用了三枚斜纹地上六枚变则缎纹显花的经纬同色的缎花绫，可见这类织物在明代应用之广。

此外，还有在斜纹地上用浮长显花的浮花绫。浮长与斜纹地的配合最初出现在唐代。浮花绫有经纬同色的，也有经纬异色的。课题组所采集到的江苏泰州徐蕃夫妇墓出土的明代奔马纹花绫巾的中段部分就是在斜纹地上以纬浮长提出菱格卐字纹的。

---

[1]　阙碧芬. 明代提花丝织物研究（1368—1644）. 上海：东华大学，2005：123.
[2]　赵丰. 中国丝绸艺术史. 北京：文物出版社，2005：48.

（三）缎纹地暗花织物

缎纹地暗花织物是指以缎纹为地部组织的经纬同色的单层提花织物。用来指缎纹组织的"缎"的记载最早见于唐代，到宋代常见的是"纻丝"一词。明清缎纹地暗花织物皆为以正反缎纹组织互为花地的经纬同色的单层提花织物——暗花缎。[1]暗花缎首先出现于宋元之际，能见到的最早的暗花缎实物是江苏无锡钱裕墓出土的五枚暗花缎。有时，经面缎作地、纬面缎作花被称为"暗花缎"，而纬面缎作地、经面缎作花的被称为"亮花缎"。包铭新先生认为，明清史料中所记的彭缎、贡缎、库缎、头号、摹本、花累等名目均指暗花缎。

课题组所采集到的明清缎纹地织物以正反五枚缎组织为主，如瑞典军事博物馆藏俄国军旗用牡丹莲花纹暗花缎、俄罗斯国家历史博物馆藏花卉杂宝纹暗花缎、浙江桐乡濮院杨家桥明墓出土的四合如意云纹缎袍所用的袍料（图7、图8）、江苏无锡七房桥钱樟夫妇墓出土的四季花鸟纹织金妆花缎襕裙所用的裙料等大量实物，这也是明代暗花缎的组织特点。在这里要提到一件差点"以假乱真"的织物——浙江桐乡濮院杨家桥明墓出土的缠枝莲纹花缎棉被的面料。从表观来看，这件棉被所用的缠枝莲花纹缎与暗花缎的表面效果简直一模一样，而分析其组织后发现它是一件双层织物，其经线由固结经与地经按照1∶2的比例排列，地纬与纹纬为1∶1排列，地组织为五枚二飞经面缎，纹组织为1/4S斜纹。

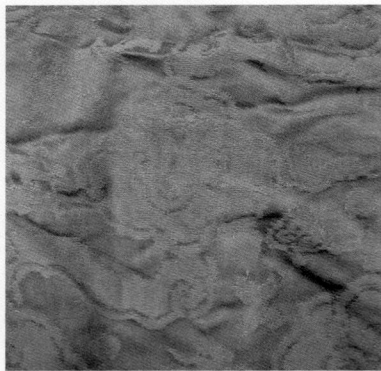

| 图7　四合如意云纹缎 | 图8　四合如意云纹缎组织显微照 |

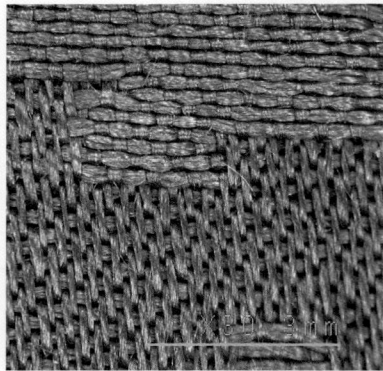

[1]　苏淼，王淑娟，鲁佳亮，等. 明清暗花丝织物的类型及纹样题材. 丝绸，2017，54(6)：81-90.

  课题组所采集到的以缎组织为地的单层提花缎织物，除了经纬同色的暗花缎织物外，还有一大部分的经纬异色的缎织物，形成花地异色的设计效果。从组织结构来看，可以分为两类：一类是以缎组织为地、斜纹组织显花的经纬异色织物，如浙江嘉兴王店李家坟明墓出土的松竹梅双色缎巾面料，是在五枚二飞纬面缎地上以斜纹显花；另一类数量很多，为以正反缎组织互为花地的经纬异色的织物，如瑞典军事博物馆藏俄国17世纪军旗上的牡丹菊花纹闪缎等大量实物。这两类经纬异色的单层提花缎织物，当经纬色彩对比较为强烈时可称为闪缎，这在明清时期极为流行，北京艺术博物馆藏明代大藏经经书裱封用丝绸中就有大量例证。明代的缎织物组织基本为五枚缎纹，而清代开始流行正反八枚缎组织的闪缎，如北京故宫博物院藏清代折枝牡丹纹闪缎。与五枚缎相比，八枚缎经浮长更长，因而光泽更好。

（四）绞经类暗花织物

  绞经类暗花织物是指以绞经组织与平纹或与其他普通组织互为花地的经纬同色的单层提花织物。因其绞经组织的不同，可分为暗花纱和暗花罗。在汉唐比较常见的四经绞花罗，是在四经绞素罗的基础上，花部组织为无固定绞组的二经绞织物，如果经纬同色则可称为暗花罗。宋初，暗花纱出现，暗花纱就是绞纱组织与平纹或与其他普通组织互为花地的提花丝织物，在明清时期极为流行。

  课题组采集到的明清绞经类暗花织物大部分为暗花纱，少量为暗花罗。暗花纱（图9）可分为亮地纱、实地纱与芝地纱。在绞纱地上以平纹组织显花，称为"亮地纱"，因为绞纱地透空大，显得亮，如浙江缙云飞凤山明墓出土的四合如意云纹亮地纱女裙和缠枝花卉纹亮地纱女衫的面料（图10）、孔府旧藏的蓝色暗花纱单袍所用博古纹暗花纱和墨绿地妆花纱蟒衣领缘部分的莲花杂宝纹纱等面料，明清时期也称之为"直地纱"或"直径纱"。而实地纱是用平纹作地，以绞纱组织起花的，如浙江嘉兴王店李家坟明墓出土的云纹实地纱残片（图11）、孔府旧藏一件明代晚期的深蓝色缠枝牡丹暗花纱袍的内衬用勾连云纹纱面料以及孔府传世的湖色蟒杂宝暗花纱褶的主体面料等，都是在1/1平纹地上以二经绞起花。芝地纱则是以显芝麻形小花纹的实地纱为地、平纹为花[1]的纱织物，如北

[1] 包铭新. 纱类丝织物的起源和发展. 丝绸，1987(11)：42-44.

京故宫博物院藏清代石青色缠枝莲芝地纱。课题组采集到的暗花罗中有江苏泰州刘湘夫妇墓出土的一件明代花罗袄，面料地部为四经绞罗组织的四合如意云纹暗花罗（图12）。江苏泰州徐蕃夫妇墓出土的明代织麒麟团领袍的后领处内衬也为杂宝四合云纹暗花罗。

图9　暗花纱组织显微照

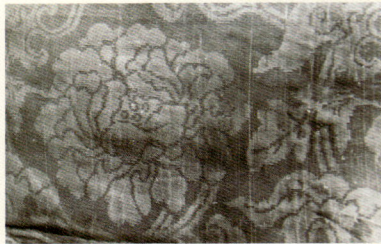

图10　亮地纱

图11　实地纱

图12　暗花罗

三、暗花类丝绸纹样的题材及其构成形式

（一）纹样的题材

明清暗花类丝绸的丝织纹样所涉及的题材有植物纹样、动物纹样、自然景观纹样、人文纹样及几何纹样等几大类。植物纹样包含花卉、果实类等。花卉类有莲花、牡丹、菊花、梅花、桃花、宝相花、瑞花等；果实类有石榴、桃子、葡萄、佛手、南瓜等；其他植物如灵芝、松树、竹子等。动物纹样既有神兽如龙、凤、螭等，又有鹤、蝴蝶、蜜蜂、松鼠等自然动物。自然景观纹样主要为云纹和水纹。此外，还有杂宝与八吉祥纹样、文字纹样与博古纹等人文纹样以及几何纹样等。

1. 植物纹样

（1）花卉纹样

花卉纹样是明清暗花织物纹样的主要题材。这里既有自然界存在的花卉，也有人们虚构出来的花卉。前者主要包括莲花、牡丹、菊花、梅花、芙蓉、海棠、桃花等（图13—图18），后者主要为宝相花、瑞花、大洋花等（图19—图21）。这些花卉纹样既单独作为主题纹样，也相互组合共同构成装饰题材。此外，花卉纹样还作为其他纹样的辅助纹样出现。

花卉纹样有着各种组合搭配方式。作为主要纹样出现的花卉，主要有莲花、牡丹、宝相花、菊花和梅花等。莲花，寓意纯洁、吉祥，以单独的缠枝莲，或缠枝莲与杂宝组合，或两种不同造型的折枝莲花散点排列等几种方式出现。牡丹，寓意华贵，以单独的缠枝牡丹或折枝牡丹，或缠枝牡丹、折枝牡丹作为主花再辅以其他装饰等形式出现。宝相花，寓意富贵、圆满，除作为单一的主题纹样出现外，缠枝宝相花还与八宝纹样组合成吉祥图案。菊花，寓意长寿，单独作为装饰母题的菊花纹样不多，多以两种造型的菊花为主花，缠枝排列。但在与其他花卉植物搭配组合的纹样中，菊花是较为常见的元素，如以松菊组合表现延年益寿。梅花，寓意五福、吉祥等，单独作为主题纹样时以折枝连续或折枝散点的形式出现。此外，折枝梅花作为辅花的案例也较多。

两种花卉组合作为主纹出现的，主要有莲花与牡丹的组合、莲花与梅花的组合、牡丹与宝相花的组合、牡丹与菊花的组合，均有吉祥之寓意。两种花卉组合的情况，花卉造型分为折枝散点排列与缠枝式两种：折枝散点排列时，有些花卉空隙处穿插有杂宝等辅助纹样；缠枝式一般作满地布局，枝繁叶茂。

多种花卉组合作为主纹出现的，一般是由不同季节开放的花卉搭配而成，主要有四季花、四季花与蜂蝶、四季花卉植物与杂宝纹样的组合等。多种花卉组合的纹样，有完美之意，既有折枝散点布局也有缠枝式。这种四季花卉与植物组合的"一年景"纹样，是从宋代起流行的装饰纹样。"靖康初，京师织帛及妇人首饰衣服，皆备四时。如节物则春幡、灯毯、竞渡、艾虎、云月之类，花则桃、杏、荷花、菊花、梅花皆并为一景，谓之一年景。"[1] 一年景到明清更是得到了广泛的应用，在暗花类丝绸织物上比比皆是。

在造型风格上，明清暗花类丝绸上的花卉纹样，主要有自然风格和装饰风格两种。一般来说，花头造型为正视的花，造型使用较为图案化的装饰风格，如正视桃花、正视梅花、正视莲花。正视花造型均以花心为圆心，花瓣向四周发散生长，呈轮状对称，造型规则图案化。花头设计为侧视花的，造型风格上分为自然风格和装饰风格两种：自然

[1]　陆游. 老学庵笔记. 北京: 中华书局, 1979: 27.

风格造型的花卉与枝条受宋代生色花风气的影响，造型写实，摇曳多姿；装饰风格的侧式花头，则是受元代平面化侧视造型花卉的影响，在明清暗花织物的缠枝花卉纹中使用较多，如缠枝莲花、缠枝宝相花等。特别的是，明清暗花织物中还有一种情况是自然写实花卉与装饰图案化花卉并用的情况，如并蒂花枝上花开两朵，一为自然风格花朵，一为装饰风格花朵，可谓兼收并蓄。除了两种传统的装饰风格外，受欧洲装饰风格的影响，清代还出现了大洋花一类的具有欧洲审美意趣的花卉纹样。

图13　莲花纹

图14　牡丹纹

图15　菊花纹

图16　梅花纹

图17　芙蓉纹

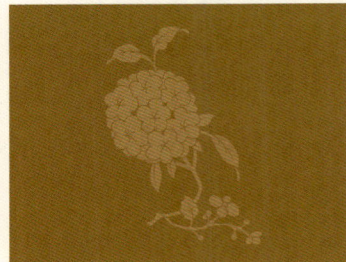

图18　绣球花纹

图19　宝相花纹

图20　瑞花纹

图21　大洋花纹

（2）果实类纹样

在明清暗花类丝绸织物中，与花卉题材相比，果实类纹样的暗花织物稍少，描绘的对象主要有石榴、桃子、葡萄、佛手等（图22—图25）。

汉代张骞出使西域，得"安石榴"——安息国（今伊朗高原北部）的石榴，石榴由此传入中国。随后石榴因高产和多籽在中国成了丰收多子的象征，"榴开百子"在各类装饰领域均有应用。明清暗花类丝织物上的石榴纹样，常常是石榴与桃子纹样组合出现、四周穿插小花的设计，或石榴与桃子作为主要纹样、空隙穿插杂宝的设计，也有石榴、桃子与某几种花卉同时作为装饰母题的设计。

葡萄纹有单独的葡萄枝叶与果实纹样，也有葡萄与花卉组合，还有葡萄与松鼠纹样的组合。葡萄的形象从汉代开始在织物上出现，如新疆扎滚鲁克出土的汉晋锁绣葡萄纹。此后，葡萄纹在装饰领域一直有所应用，如新疆吐鲁番阿斯塔那出土的北凉禽兽葡萄纹丝绣残片以及美国波士顿美术馆收藏的北齐画像砖上的葡萄纹。这种西域风格的纹样从唐代开始被广泛应用，如初唐的连珠对鹿纹锦、海兽葡萄纹铜镜上的纹样等，取其果实累累、丰收之意。明清时期，暗花类丝绸上的葡萄纹样，有的以牡丹搭配葡萄纹样出现，葡萄藤蔓上还常攀有松鼠，松鼠紧盯葡萄作欲偷食状，寓意多子多福。

佛手，因"佛"与"福"音似，故古人以佛手象征多福。佛手纹样在明清暗花丝织物中，多作为花卉纹样的辅助纹样使用，有以折枝造型与石榴折枝搭配出现的，有作为多种果实之一组合成主纹样的，也有放置在果盘等器物纹样上的设计形式。

图22　石榴纹

图23　桃子纹

图24　葡萄纹

图25　佛手纹

此外，还有由多种果实组合构成主要纹样的，如将大小基本相等的佛手、南瓜、莲

1 串枝宝相花纹

17世纪：俄国军旗用串枝宝相花纹缎

尺寸：69厘米×190厘米
瑞典军事博物馆藏

　　该串枝宝相花纹缎为瑞典军事博物馆所藏的一面俄国步兵旗的底部用料。该旗由瑞典军队于1700年在纳尔瓦战役中缴获。织物图案由S形藤蔓构成串枝骨架，骨架内填充宝相花纹样，藤蔓点缀有宝瓶、法轮纹。宝相花以莲花为基础造型，外层花瓣作勾卷状，内层为莲瓣，为明代至清初时期典型的宝相花形象。现存明代大藏经经皮上亦有不少此类造型的宝相花图案。

2 缠枝宝相花纹

明：缠枝宝相花纹缎棉被

尺寸：181厘米×165厘米
浙江桐乡濮院杨家桥明墓出土
桐乡市博物馆藏

　　该棉被长方形，面料为缠枝宝相花纹缎，距一端约34厘米处以平金线妆花工艺装饰一条宽约3厘米的卍字及菱格纹图案，衬里为绢。此缠枝宝相花纹的缠枝藤蔓形成波线式四方连续骨架，每列波线形藤蔓上长出大小造型一致的宝相花。垂直相邻的两朵花花头反向排列，水平方向上每行花朵花头方向一致，并隔行错排。该宝相花外层花瓣呈涡卷状，内层为舒展的莲瓣，藤蔓上的叶片皆呈卷叶状。

3 缠枝宝相花纹

17世纪：俄国军旗用缠枝宝相花纹暗花缎

尺寸：202厘米×196厘米
瑞典军事博物馆藏

　　该缠枝宝相花纹暗花缎为瑞典军事博物馆所藏的一面俄国步兵旗的底布面料。该旗为瑞典军队于18世纪初在大北方战争中缴获。此缠枝宝相花纹缎由米黄色经纬纱线以正反五枚缎组织交织成暗花缎。大宝相花纹内外层花瓣皆作勾卷状，花瓣间拼插有灵芝纹。宝相花为缠枝式，枝条由花下伸出，绕花朵回旋，枝上叶片作火焰状。枝条交接处装饰有中型宝相花，外层花瓣作勾卷状，内层为莲瓣，枝条上还饰有小莲花图案。美国大都会艺术博物馆收藏有类似织物，被认定为17世纪早期生产的明代织物。

4 缠枝宝相花纹

明代晚期：暗绿地织金纱云肩翔凤短衫

尺寸：衣长67.5厘米，通袖长182.5厘米，腰宽43厘米，下摆宽66.5厘米，袖宽32.5厘米，袖口宽14.5厘米，领高10厘米

由阜市文物局孔府文物档案馆藏

    该缠枝宝相花纹是孔府旧藏暗绿地织金纱云肩翔凤短衫面料的地部织物纹样，现藏于曲阜市文物局孔府文物档案馆。该女衫款式为交领、右衽、长阔袖、左右开裾，白绢护领、白绢袖缘，狭袖口。女衫面料所用的暗绿地织金纱为二经绞纱地上以1/1平纹织出缠枝宝相花纹样，肩、袖部的织金为云肩、袖襕式凤纹。此缠枝宝相花纹以藤蔓构成缠枝骨架，缠枝上有两种造型的宝相花，花心部装饰不同，藤蔓上叶片皆为火焰状叶。

5 缠枝宝相花纹

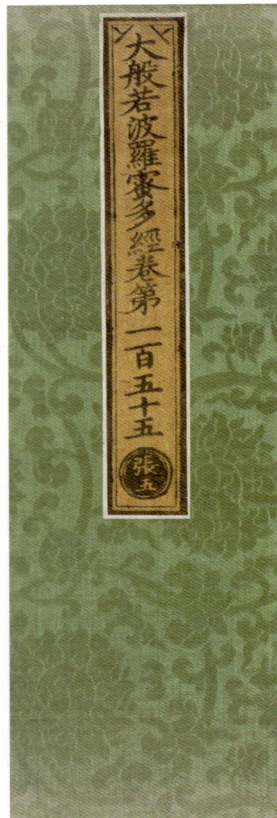

明：缠枝宝相花纹经皮

尺寸：36.4厘米×12.8厘米
美国费城艺术博物馆藏

　　明代缠枝宝相花纹经皮，经皮上有书"大般若波罗蜜多经卷第一百五十五（张五）"，现藏于美国费城艺术博物馆。图案为缠枝宝相花纹，有两款宝相花纹样，一款花瓣舒展，一款花瓣呈勾卷状，两款花头造型饱满，外轮廓近圆形。枝条从两款花头的下方长出，环绕花头延展呈半包围状，枝条绵延相连形成缠枝，为明代典型的缠枝样式。

6 缠枝莲花纹

明：缠枝莲花纹经皮

尺寸：36.1厘米×12.7厘米
美国费城艺术博物馆藏

　　明代缠枝莲花纹经皮，传世，现藏于美国费城艺术博物馆。缠枝花卉纹是明清时期十分流行的表现吉祥如意的织物纹样题材。此缠枝莲花纹沿袭宋时骨架，将枝条以波状线与切圆线相组合，作四方连续展开，形成波卷缠绵的基本样式，再在切圆空间中缀以两款造型不同的莲花纹样，隔行错排，波线上缀以叶子，形成枝茎缠绕、花繁叶茂的缠枝莲花纹。

7 缠枝莲花纹

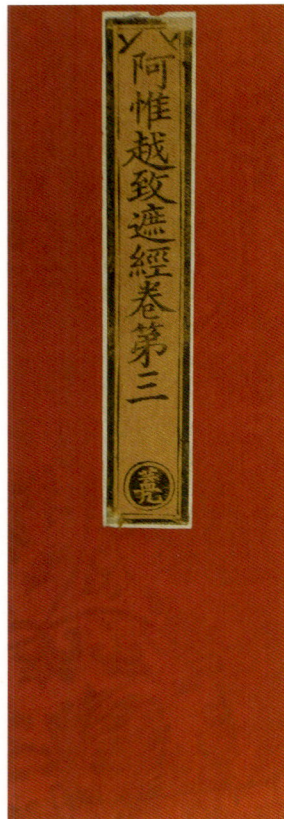

明：缠枝莲花纹暗花缎经皮

尺寸：36.8厘米×16.5厘米
美国费城艺术博物馆藏

　　缠枝莲花纹暗花缎经皮，传世，经皮上有书"阿惟越致遮经卷第三（盖九）"，现藏于美国费城艺术博物馆。此织物以正反五枚缎组织互为花地，采用明代常见的缠枝莲图案为主题纹样，两种造型的莲花花头隔行错排，以枝蔓作骨架，向上下左右延伸，形成波线式四方连续，枝蔓上的叶片皆为火焰状，装饰性强。

8 缠枝莲花纹

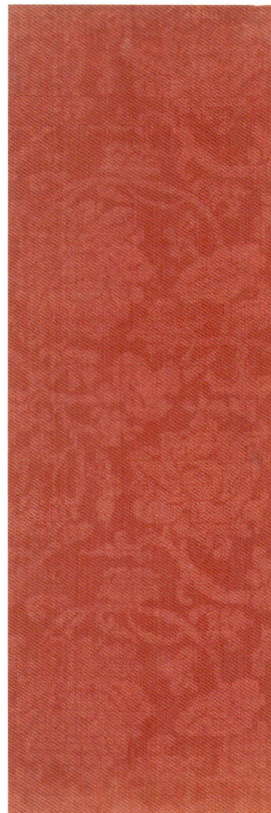

明：缠枝莲花纹经皮

尺寸：36.2厘米×12.7厘米
美国费城艺术博物馆藏

　　明代缠枝莲花纹经皮，传世，现藏于美国费城艺术博物馆。缠枝莲花纹兴于宋，盛于元、明、清三代，广泛运用在青花瓷、丝织物等装饰领域中。此缠枝莲花纹以环绕的纤细枝条形成波状连缀，构成四方连续骨架。缠枝围合空间中为一种叶片舒展的莲花纹样，隔行花头方向相反并二二错排，枝条上缀有写实莲叶与火焰状装饰叶片。

9 缠枝莲花纹

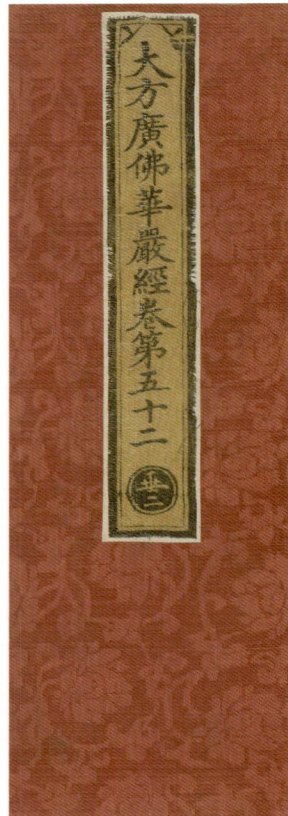

明：缠枝莲花纹经皮

尺寸：36.1厘米×12.7厘米
美国费城艺术博物馆藏

　　明代缠枝莲花纹经皮，传世，经皮上有书"大方广佛华严经卷第五十二（垂二）"，现藏于美国费城艺术博物馆。莲花花头中等大小，呈侧视，花瓣单层且舒展，造型极其简约。粗而有力的枝条连接往复形成缠枝，相邻花头朝向相反。图案整体艺术风格平和简约。佛教有云："花开见佛性。"这里的花就是指莲花，此句也即指莲的智慧和境界。采用莲花作为佛教经书裱封纹样可谓恰到好处。

10　缠枝牡丹纹

清：白色缠枝牡丹纹暗花绫匹料

尺寸：长整匹，宽60厘米
北京故宫博物院藏

　　该白色缠枝牡丹纹暗花绫为清康熙年间（1662—1722）匹料，织物门幅60厘米，现藏于北京故宫博物院。纹样的主花为两款不同造型的牡丹花，隔行错排，牡丹花枝以环形围绕花头排列，形成缠枝式骨架。牡丹花瓣层层叠叠，边缘自然弯曲，叶片描绘写实，呈现一派浪漫清雅气息，为清代前期对明代缠枝花卉自然风格的沿袭。

11 缠枝牡丹纹

明：缠枝牡丹纹绫袍

尺寸：衣长140厘米，通袖长236厘米，胸宽62厘米，下摆横宽118厘米，领高13.5厘米

宁夏盐池冯记圈明墓出土

盐池县博物馆藏

  该绫袍为交领，右衽，窄袖。袍身面料为暗花绫，纹样为缠枝牡丹纹。衬里由平纹绢制成。袍身暗花绫为3/1左斜纹组织地上以1/3左斜纹组织显花的同单位同向绫。缠枝牡丹纹的枝条纤细，缠绕花瓣饱满的牡丹花，花叶造型较为写实，呈现一派优美富丽的景象。

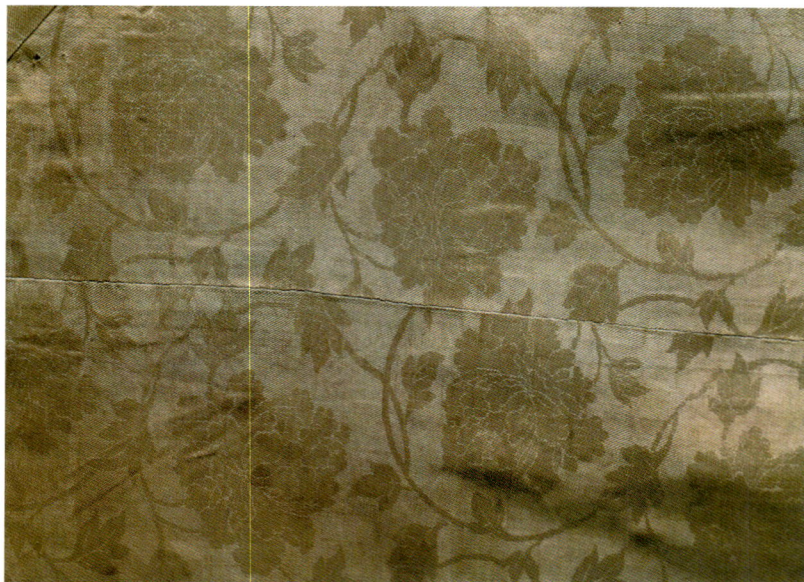

12 缠枝牡丹纹

明：斗牛补青罗袍

尺寸：衣长137厘米，腰宽55厘米，通袖长243厘米，袖宽38厘米

山东博物馆藏

　　孔府旧藏明代斗牛补青罗袍为圆领，右衽，阔袖，胸背各绣缀方形斗牛补。补子正中饰一只盘踞在山石上的神兽，周围彩绣流云、海浪波涛纹样。此兽牛角蟒身，在明代称为"斗牛"，饰有斗牛纹的袍服是明代皇帝赐予臣下的赐服。袍身面料为青色缠枝牡丹纹暗花罗，纹样是明代常见的缠枝牡丹花，花叶造型饱满，摇曳生姿。

13 缠枝牡丹纹

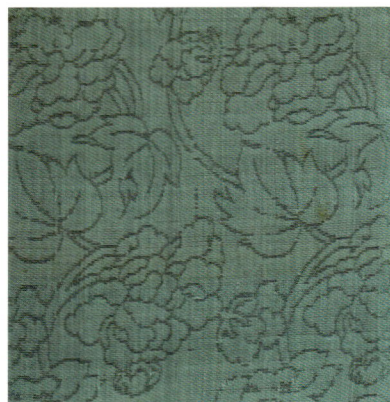

明代晚期：湖色暗花纱袍

尺寸：衣长145厘米，通袖长243厘米，腰宽52厘米，下摆宽96厘米，袖宽38.5厘米，领高12.5厘米
曲阜市文物局孔府文物档案馆藏

　　该缠枝牡丹纹暗花纱是孔府旧藏湖色暗花纱袍的主体面料。纱袍款式为交领，右衽，直袖，领缘加白色直径纱护领。此缠枝牡丹纹暗花纱是在平纹地上以二经绞纱组织起花，亦称"实地纱"。纹样以缠枝形成波线式骨架，枝干长出两种造型的牡丹花头。牡丹花及花苞造型优美自然，花瓣边缘弯曲，枝叶描绘写实。织物色彩为清新的湖色，风格自然、清雅。

14 串枝牡丹纹

清：明黄串枝牡丹纹缎零料

尺寸：43厘米×48厘米
中国丝绸博物馆藏

　　明黄串枝牡丹纹缎，门幅48厘米，可见两侧幅边。该零料为清宫旧藏，原藏于北京故宫博物院，后赠予中国丝绸博物馆。暗花缎自元代出现并发展后，在明清时期更是被广泛使用。此件织物由蜿蜒的枝条巧妙连接花朵，形成波线式串枝骨架。一种造型的牡丹花花瓣边缘较圆滑，另一种造型的牡丹花花瓣边缘弯曲，两种牡丹花花瓣均层层叠叠，枝叶繁茂，搭配明黄色调显得愈加富丽圆满。

15　串枝牡丹纹

明：串枝牡丹纹绫长袖衫

尺寸：衣长104厘米，通袖长222厘米，胸宽54厘米，下摆横宽92厘米
宁夏盐池冯记圈明墓出土
盐池县博物馆藏

　　串枝牡丹纹绫长袖衫，立领，右衽。袍服采用暗花绫为主要面料，袖子由数段其他面料拼缝而成，领内衬里为暗花缎织物。袍服的主要面料为暗花绫，在斜纹地上以斜纹组织起花，织出串枝牡丹纹样。该串枝牡丹纹的牡丹花造型平面化，花头对称，二二错排，枝条横向绵延相连，装饰风格浓郁。

16　串枝牡丹纹

17世纪：俄国军旗用串枝牡丹纹暗花缎

尺寸：187厘米×177厘米

瑞典军事博物馆藏

　　该串枝牡丹纹暗花缎是瑞典军事博物馆所藏的一面俄国步兵旗的底部面料，由三片织物拼缝，织物由正反五枚缎组织织成，门幅62厘米。该旗由瑞典军队缴获于1700年的纳尔瓦战役。此串枝牡丹纹样运用较为粗壮的牡丹枝干形成波线式四方连续骨架，枝干描绘写实，枝干两侧长出两株大牡丹。牡丹花、叶均描绘写实，牡丹花心部可见花蕊。该纹样画面风格自然，在明末清初织物纹样中不多见。

17 串枝牡丹纹

明：丹麦军旗用串枝牡丹纹暗花缎

尺寸：26厘米×25厘米
瑞典军事博物馆藏

　　该串枝牡丹纹暗花缎为瑞典军事博物馆所藏的一面丹麦重骑兵旗的丹纳布罗格十字部分的面料。该旗为瑞典军队于17世纪中叶在与丹麦的战争中缴获。此串枝牡丹纹样的藤蔓构成标准的对波骨架，枝条相交处为牡丹花纹样。牡丹花头纹样造型简约，花心部位有一如意头状装饰，形态装饰感强。宁夏盐池冯记圈明墓1号墓出土的串枝牡丹纹绫长袖衫及中国丝绸博物馆所藏的一件明代折枝牡丹暗花缎棺垫上可见类似的牡丹花纹样。结合织物风格及丹麦军旗缴获年代等综合考虑，该暗花缎应为中国明代织物。

18 串枝牡丹纹

清：杏黄地牡丹纹暗花纱

尺寸：770厘米×77厘米
北京故宫博物院藏

　　杏黄地牡丹纹暗花纱，清宫旧藏，为清嘉庆年间（1796—1820）织造。该暗花纱以绞纱组织为地，以平纹组织显花，纱地透孔通透，花纹清晰。纹样为串枝牡丹纹，两种串枝造型隔行错排，串枝上长有牡丹花叶，相邻串枝上花头朝向相反。牡丹花瓣描绘较为细致，花瓣脉络清晰，叶片卷曲，小枝条呈勾回状，具有清代晚期的花卉装饰特色。

19 折枝牡丹纹

明：折枝牡丹暗花缎棺垫

尺寸：185.5厘米×54.5厘米

江西星子明墓出土

中国丝绸博物馆藏

　　明代折枝牡丹暗花缎棺垫，呈长方形。面料为暗花缎，以正反五枚缎组织互为花地。纹样为折枝牡丹纹，两种造型的牡丹花隔行错排，一种可见花蕊。折枝花卉为左右对称设计，枝条纤细蜿蜒，巧妙排列布局似缠枝。牡丹花头设计平面化，装饰性强，类似风格的花头造型还可见于宁夏盐池冯记圈明墓1号墓出土的串枝牡丹纹绫长袖衫等明代织物。

20 曲水地折枝牡丹纹

明：曲水牡丹纹绫

尺寸：350厘米×28.1厘米
江西星子明墓出土
中国丝绸博物馆藏

　　该明代曲水牡丹纹绫的织物纹样采用工字纹的曲水作地，这种工字纹曲水在江苏金坛南宋墓中就有发现，在西夏陵区138号墓也有类似织物出土，可见此曲水纹保留了较早的传统。织物曲水地上织两款折枝牡丹纹样，牡丹花瓣边缘自然弯曲，叶片描绘写实。两款牡丹花头方向相对，二二错排。此折枝花卉造型有南宋遗风。

21　散点牡丹纹

明：花卉纹缎交领袍

尺寸：衣残长155.5厘米，通袖残宽188厘米，底摆横宽111厘米
宁夏盐池冯记圈明墓出土
盐池县博物馆藏

　　花卉纹缎交领袍，宁夏盐池冯记圈明墓3号墓葬出土，为墓主杨某丧服。袍服为交领，残损严重。袍服面料为正反五枚缎组织的暗花缎，纹样为散点牡丹纹。该散点牡丹纹样造型平面化，花头外形呈长圆形，花瓣宽大而单薄，花心部有如意头状装饰。相邻花头间饰以X状排列之叶片，交叉处饰有银锭纹样。花卉纹样二二错排，相邻行花卉垂直方向花头相反。

22　缠枝芙蓉纹

明代晚期：深蓝色缠枝芙蓉纹暗花纱袍

尺寸：衣长139厘米，通袖长244厘米，腰宽55.5厘米，下摆宽123厘米，袖宽39厘米
曲阜市文物局孔府文物档案馆藏

　　该芙蓉纹暗花纱是孔府旧藏深蓝色缠枝芙蓉纹暗花纱袍的主体面料。芙蓉纹暗花纱以二经绞纱组织为地，由平纹组织织出缠枝芙蓉纹，可称为"亮地纱"。缠枝芙蓉纹的枝条形成波线式四方连续骨架，枝条上长出两种造型的芙蓉花，芙蓉花瓣可见筋脉，枝条纤细，上缀掌状叶片，叶脉清晰，描绘写实。芙蓉花枝整体造型简洁、优美。类似纹样可见于北京艺术博物馆所藏的明代经书裱封用茶绿色地缠枝芙蓉暗花缎。

23　缠枝芙蓉纹

明：茶绿色地缠枝芙蓉暗花缎经皮

尺寸：35厘米×12.2厘米

北京艺术博物馆藏

　　该茶绿色地缠枝芙蓉暗花缎是明代大藏经经书裱封用料，经皮上有书"大方广佛华严经卷第十二"，现藏于北京艺术博物馆。织物以相近色彩的经纬纱线以正反缎组织织出缠枝芙蓉纹样，面料呈茶绿色。芙蓉花形态自然写实，大花头旁点缀小花苞，芙蓉叶片宽短，呈掌状五裂。枝条纤细，环绕花朵，呈缠枝状。孔府旧藏明代晚期一件深蓝色缠枝芙蓉纹暗花纱袍的面料有类似纹样。

24 梅花纹

17世纪：俄国军旗用梅花纹暗花缎

尺寸：60.5厘米×208厘米
瑞典军事博物馆藏

　　该梅花纹暗花缎是瑞典军事博物馆所藏的一面俄国步兵旗的部分底部面料，织物由白色经纬纱线采用正反五枚缎组织织成，门幅61.5厘米。该旗是1700年瑞典军队在纳尔瓦战役中所获的战利品。梅花寓意高洁、坚强，在民间又为传春报喜的吉祥象征。此梅花纹由连贯的梅枝构成之字形连续结构，枝干上有四种梅花折枝的组合，每种组合由大小不一、造型不同的梅花和花苞组成，画面写实生动。

25　缠枝梅花纹

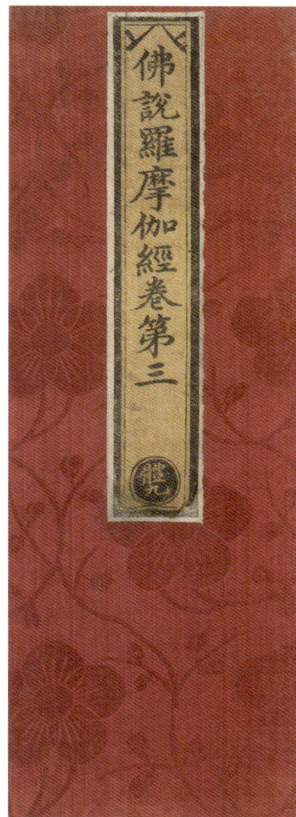

明：缠枝梅花纹经皮

尺寸：36.3厘米×12.7厘米
美国费城艺术博物馆藏

　　明代缠枝梅花纹经皮，传世，经皮上有书"佛说罗摩伽经卷第三（体九）"，现藏于美国费城艺术博物馆。图案为缠枝梅花纹，梅花为五瓣，可见花蕊，造型对称饱满。枝条从梅花下方长出，蜿蜒上升。梅为"岁寒三友"之一，能于老干发新枝，又能御寒开花，象征不老不衰。梅瓣为五，民间又借其表示五福：福、禄、寿、喜、财。明清时期，梅花纹是为人们所喜闻乐见的寓意纹样。

47　折枝四季花卉纹

17世纪：俄国军旗用折枝四季花卉纹暗花缎

尺寸：135厘米×214厘米
瑞典军事博物馆藏

　　该折枝四季花卉纹暗花缎为一面17世纪制作的俄国步兵连队旗上的鹰羽毛部分的织物。该旗制作于1682—1689年，由瑞典军队于1703年在萨拉登战役中缴获。折枝四季花卉纹暗花缎以正反五枚缎纹组织织出折枝四季花卉纹样，有折枝菊花、折枝牡丹、折枝梅花、折枝绣球花，四行花卉二二错排，花叶描绘自然。此外，四季花卉纹还寓意四时吉祥美满。

48 卍字曲水四季朵花纹

明清：明黄色卍字曲水四季朵花纹暗花绸书衣

尺寸不明

北京故宫博物院藏

　　该明黄色卍字曲水四季朵花纹暗花绸书衣为清宫旧藏，由卍字曲水四季朵花纹暗花绸制成，织物质地细密，花型清晰。纹样为卍字曲水四季朵花纹，在卍字曲水地上，装饰花卉纹。花卉纹有两组，一组为两朵菊花状花卉纹，一组为三朵牡丹花状花卉纹，两组花卉纹各自成行，交错排列，花卉造型简洁且图案化。

49　折枝花果杂宝纹

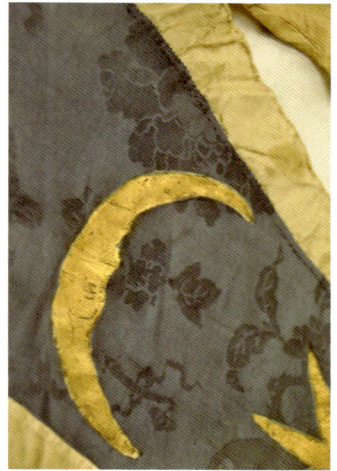

17世纪：俄国军旗用折枝花果杂宝纹缎

尺寸：17.5厘米×87厘米，17厘米×88厘米
瑞典军事博物馆藏

　　该折枝花果杂宝纹缎为瑞典军事博物馆所藏的一面俄国燕尾旗的燕尾部分面料（共两块面料）。该旗由瑞典军队于1703年在萨拉登战役中缴获。该折枝花果杂宝纹主花有四行，垂直方向花头二二错排。一行折枝牡丹，中间穿插如意；一行折枝双桃，穿插戟磬；一行折枝莲花，中间穿插银锭；一行双石榴，中间穿插笙。双桃中的一桃满饰曲水纹样，双石榴开口露籽。杂宝均饰绶带，整幅纹样散发着浓郁的吉祥意味。

50 牡丹葡萄纹

清：富贵多子纹暗花缎棺垫

尺寸：61厘米×40厘米
浙江杭州四眼井后山出土
中国丝绸博物馆藏

　　此富贵多子纹暗花缎为一块棺垫，呈长方形，基本完好。织物为暗花缎，由正反缎组织织成，纹样为牡丹葡萄纹。牡丹为百花之王，象征富贵和官运亨通；葡萄因结实累累，比喻多子和丰收。牡丹葡萄纹的组合寓意富贵多子。织物上两种造型的牡丹与折枝葡萄隔行错排，牡丹、葡萄的刻画均较为写实。

51 佛手花卉纹

清：明黄地佛手勾莲纹暗花纱

尺寸：1500厘米×73厘米
北京故宫博物院藏

　　该明黄地佛手勾莲纹暗花纱为清道光年间（1821—1850）织物，现藏于北京故宫博物院。此暗花纱织物组织以二经绞纱为地，平纹显花，织出佛手花卉纹。两种造型的佛手花卉纹折枝二二错排，形成四方连续纹样。折枝以佛手为主题，枝干上长有花卉及叶片，枝条曲折，叶片卷曲，为清代后期的装饰造型风格。

52 折枝花卉水果纹

17世纪：俄国军旗用折枝花卉水果纹暗花缎

尺寸：57厘米×188厘米
瑞典军事博物馆藏

  此折枝花卉水果纹暗花缎为瑞典军事博物馆所藏的一面俄国军旗的底布部分面料。该旗由瑞典军队于1700年在纳尔瓦战役中缴获。此折枝花卉水果纹由两种花卉折枝和石榴、桃子折枝构成。两种花卉折枝和两种水果折枝隔行散点排列，一行牡丹折枝、一行对桃折枝、一行菊花折枝、一行对石榴折枝，垂直方向二二错排。牡丹折枝花叶描绘写实自然；菊花折枝大菊花花瓣三层，呈半包围状；对桃折枝与对石榴折枝上饰有磬、笙、如意等杂宝纹样。

53 对桃石榴卍字纹

明：对桃石榴卍字暗花绫经皮

尺寸：34.7厘米×12厘米
北京艺术博物馆藏

  对桃石榴卍字暗花绫是北京艺术博物馆所藏的一件明代经皮面料。该暗花绫图案为对桃石榴卍字纹样，由折枝对桃和折枝石榴组成。折枝纹样为散点布局，整体看来一行对桃、一行石榴，相邻折枝行二二错排。桃枝上为一对桃，对称造型；石榴折枝为一单石榴，开口露籽。折枝对桃和折枝石榴周围均环饰倾斜的卍字纹样。暗花绫纹样整体构图整齐严谨。

54 花果杂宝纹

17世纪：俄国军旗用折枝花果杂宝纹闪缎

尺寸：206厘米×204厘米
瑞典军事博物馆藏

　　该花果杂宝纹闪缎为瑞典军事博物馆所藏的一面俄国步兵旗的底布面料。该旗由瑞典军队于1700年在纳尔瓦战役中缴获。织物以经纬异色的正反五枚缎组织织出花果杂宝纹，纹样主花为两种水果折枝，一行对桃、一行对石榴，二二错排，间饰杂宝纹样。对桃桃形饱满，对桃纹中间饰有桃花一朵；对石榴中有一石榴开口露籽，石榴折枝长有一株石榴花。对桃折枝行间饰双犀角和火珠纹样，对石榴折枝行间饰银锭和珊瑚纹样。

55　折枝水果纹

明：折枝水果纹暗花绫经皮

尺寸：34.8厘米×12厘米
北京艺术博物馆藏

　　折枝水果纹暗花绫是北京艺术博物馆所藏的一件明代大藏经经皮面料。该暗花绫以相近色彩的经纬纱线织出折枝水果纹样——折枝桃、折枝石榴。一行折枝桃，一行折枝石榴，隔行二二错排，相邻行水果折枝俯仰相对。折枝水果纹样间饰有呈45度角斜度的卍字纹样。该暗花绫纹样整体风格规则简约。

56 折枝蔬果纹

17世纪：俄国军旗用蔬果纹暗花缎

尺寸：20厘米×19厘米，13厘米×17厘米
瑞典军事博物馆藏

　　此蔬果纹暗花缎为瑞典军事博物馆所藏的一面俄国军旗所用的部分面料（共两块面料）。该旗制作于1682—1689年，由瑞典军队于1703年缴获于萨拉登战役。此折枝蔬果纹由四行折枝纹样构成，每行有两种图案，垂直方向二二错排。每个循环中第一行为佛手折枝和长有李子状水果的折枝间隔排列，第二行为莲蓬折枝与南瓜折枝间隔排列，第三行为枇杷折枝与对石榴折枝间隔排列，第四行为荔枝状水果折枝与对桃折枝间隔排列。所有蔬果折枝均描绘自然生动，寓意丰收美满。

57 缠枝灵芝纹

明：黄缠枝灵芝暗花缎匹料

尺寸：90厘米×48.6厘米
北京明定陵出土

　　黄缠枝灵芝暗花缎匹料，北京明定陵出土，为万历皇帝之孝靖皇后棺内所出。该匹料黄地，本色暗花，正反缎组织织出缠枝灵芝纹，门幅48.6厘米。该灵芝纹的灵芝描绘精致，细腻的线条描绘出灵芝纹路，灵芝头上部、左部、右部饰有三片一组的竹叶纹，灵芝蒂部长出纤细的枝条，枝条环绕灵芝一圈呈缠绕状，缠枝缀有装饰叶片。灵芝纹二二错排，相邻行灵芝头方向正倒排列。

58 灵芝竹叶纹

明：平安如意卍字杂宝纹织金绸裙

尺寸：裙长77厘米，下摆宽204厘米，襕宽11厘米
浙江嘉兴王店李家坟明墓出土
嘉兴博物馆藏

　　平安如意卍字杂宝纹织金绸裙，出土于浙江嘉兴王店李家坟明墓，为李湘之妻墓所出。该裙所用的平安如意卍字杂宝纹织金绸为织成裙料，裙料上部为灵芝竹叶纹暗花绸，灵芝作如意云头状，竹叶三片一组，折枝散点四方连续排列。裙料下部为裙襕，窄条为卍字纹二方连续，尾部为平安如意杂宝璎珞纹二方连续，裙襕部分为绸地上织金。

59 竹灵芝梅花纹

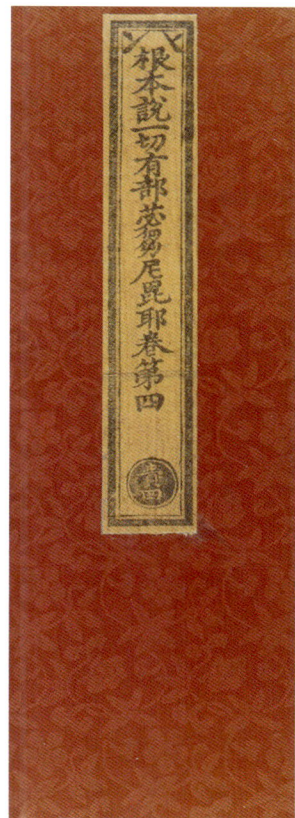

明：竹灵芝梅花纹暗花缎经皮

尺寸：36.8厘米×16.5厘米
美国费城艺术博物馆藏

　　明代竹灵芝梅花纹暗花缎经皮，美国费城艺术博物馆藏，经皮上有书"根本说一切有部苾刍尼毗耶卷第四（贵四）"。织物为正反五枚缎组织的暗花缎，织出缠枝竹灵芝梅花纹。延绵的枝条缠绕梅花纹和灵芝纹，缠枝骨架上两种植物纹隔行错排，梅花缠枝上竹叶三个一簇、五个一组点缀于枝条上，灵芝折枝上的竹叶则三片一簇、四片一组。

60 竹灵芝菊花纹

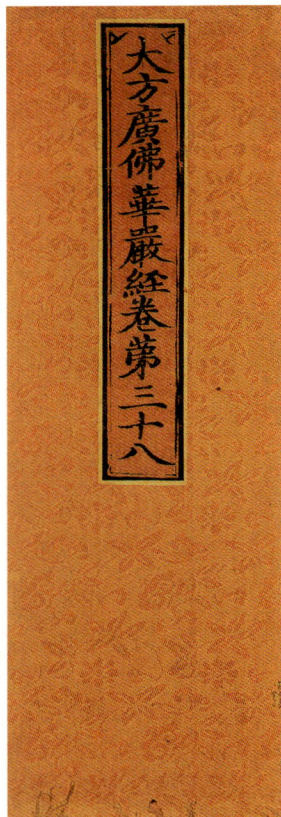

明：鹅黄地平安竹暗花绸经皮

尺寸：35厘米×12.1厘米
北京艺术博物馆藏

　　鹅黄地平安竹暗花绸是北京艺术博物馆所藏的一件明代大藏经经书裱封用料，传世，经皮上有书"大方广佛华严经卷第三十八"。该暗花绸纹样为竹灵芝菊花纹，枝条缠绕灵芝纹和菊花纹，形成缠枝骨架。隔行灵芝隔行菊，菊花花瓣较稀疏，灵芝为如意云头状；竹叶三至五片一簇，点缀于枝条之上。

61 长安竹纹

明：大红长安竹绸匹料

尺寸：2067厘米×84.5厘米
北京明定陵出土
北京故宫博物院藏

　　大红长安竹绸匹料，北京明定陵出土，为万历皇帝之孝端皇后棺内所出。匹料为三枚斜纹绸，大红地，长安竹纹。此长安竹纹样为一竹花，椭圆形花心，花瓣六瓣，如意头形折枝。花头一侧枝与主干各长出一组竹叶，竹叶三片一组，花头另一侧长有火焰状叶片。竹花二二错排，散点排列，规则严谨。

62 松竹梅纹

明：松竹梅双色缎巾

尺寸：95厘米×55厘米
浙江嘉兴王店李家坟明墓出土
中国丝绸博物馆藏

　　松竹梅双色缎巾，出土于浙江嘉兴王店李家坟明墓，为李湘之妾徐氏墓所出。织物经纬异色，以五枚二飞纬面缎地上斜纹显花，织出松竹梅纹。此松竹梅纹由梅花、松针和竹叶构成一个折枝组合，组合折枝纹样为错位式散点排列，相邻行垂直方向组合纹样二二错排。松、竹、梅三种纹样组合，称"岁寒三友"，在装饰艺术中应用甚广，在元代甚为流行。通常是以松枝、竹枝、梅枝共组图案，也有简化用松针、竹叶、梅花作为表号图案的，三者都有耐寒的特性，故并称"岁寒三友"。人们以此纹样寓意在艰难中保持高洁，比喻坚贞不屈的情操。

63 松竹梅杂宝纹

明：麒麟绣补松竹梅绸大袖衫

尺寸：衣长95厘米，胸宽70厘米，通袖长234厘米，袖宽60厘米，袖口宽22.5厘米

浙江嘉兴王店李家坟明墓出土

嘉兴博物馆藏

    麒麟绣补松竹梅绸大袖衫，出土于浙江嘉兴王店李家坟明墓，为李湘之妻墓所出。大袖衫背面缀麒麟绣补，衣料为松竹梅杂宝纹绸。该松竹梅杂宝纹主花为松针、梅花折枝与竹叶纹样，空隙穿插杂宝纹样，可见双方胜、铜钱、银锭、犀角纹样。松、竹、梅三种纹样组合成"岁寒三友"，表达其能抗耐凛寒、具有很强生命力之意，[1]比喻不畏艰难、志洁高尚的情操。

---

[1] 田自秉，吴淑生，田青．中国纹样史．北京：高等教育出版社，2003：305．

64 万寿灵芝竹叶纹

清：紫色灵芝竹叶纹暗花绸匹料

尺寸：661厘米×95厘米
中国丝绸博物馆藏

该暗花绸匹料纹样为万寿灵芝竹叶纹，面料正身紫色，经纬纱线同色，幅边经线黄色，布端有"耕织图"织款，门幅95厘米。纹样为灵芝、竹叶、水仙、寿字纹，织物保存完整，布料颜色显旧稍有褪色。该暗花绸图案精致细腻，呈现了美好吉祥的寓意。"耕织图"三字用作织款，始于清乾隆十六年（1751），代替原来的"织染局"款，此款一直保留到了清代末期。北京故宫博物院也收藏有一批织有"耕织图"三字款识的丝织物匹料和衣料，均为御用贡物。[1]

[1] 李家平，包铭新. 故宫藏"耕织图"款丝织品浅说. 丝绸史研究，1984(3)：5-8.

动物纹样

65 团龙纹

清：明黄地团龙绸

尺寸：40厘米×53厘米
中国丝绸博物馆藏

　　清代明黄地团龙绸，清宫旧藏，原藏于北京故宫博物院，现藏于中国丝绸博物馆。该织物的团龙纹样为双龙戏珠，团窠图案二二错排。团窠内双龙皆五爪，双目圆睁。两条龙对角排列，一条降龙，一条升龙，回首相望，戏耍正中一颗火珠，活泼生动。小莲花与枝叶穿插点缀在团窠内。从西汉开始，双龙戏珠便成为我国一种吉祥喜庆的装饰图纹，在建筑彩画和器皿装饰上均有应用。

66 缠枝花龙纹

明：缠枝花龙纹暗花缎袍

尺寸：残长125厘米，通袖长210厘米，接袖长51厘米，袖宽26.5厘米，袖口宽15厘米
山东邹城明鲁荒王墓出土
山东博物馆藏

　　该缎袍交领，右衽，窄袖，上衣下裳。面料为暗花缎，纹样为缠枝花龙纹。缠枝花造型别致，以上下对称的形态出现，规则排列。缠枝花空隙处一行填有四瓣花枝，一行填有龙的变形纹样。

67 灵芝龙雁衔纹

明：云龙纹暗花缎地平绣折枝四季杂花绵被

尺寸：225.6厘米×166.4厘米
山东邹城明鲁荒王墓出土
山东博物馆藏

　　该绵被形制为被头一横幅，下接三幅。被头面料为素缎，下接三幅面料为暗花缎，暗花缎地上平绣有团花造型的四季杂花。云龙纹暗花缎纹样实为灵芝龙雁衔纹，由两种造型的灵芝龙纹与雁衔纹构成，二二错排。一行为龙与灵芝折枝、雁衔花枝，一行为龙与灵芝折枝、雁衔草枝，灵芝折枝上的灵芝作如意云头状。

68 龙凤云纹

明：龙凤云纹经皮

尺寸：36.3厘米×12.8厘米

美国费城艺术博物馆藏

　　该经皮图案为二二错排的飞龙翔凤，穿插云纹，散点排列，形成四方连续纹样。图中龙身蜿蜒雄壮，凤鸟纤细华丽。龙为鳞虫之长，凤为百鸟之王，都是祥瑞之物。龙凤相配便呈吉祥，习称"龙凤呈祥"。

69 蟒杂宝纹

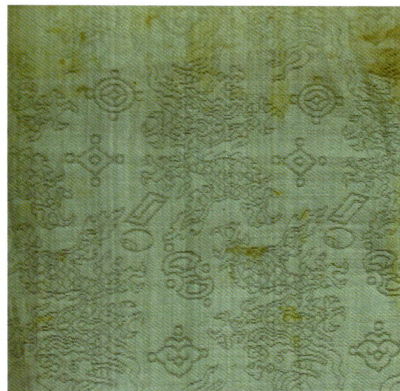

明：湖色蟒杂宝暗花纱褶

尺寸：衣长145.5厘米，通袖长226厘米，腰宽57厘米，下摆宽104厘米，袖宽66厘米，领高12厘米
曲阜市文物局孔府文物档案馆藏

　　该孔府旧藏湖色蟒杂宝暗花纱褶主体面料为蟒杂宝暗花纱，织物在平纹地上以"一绞一"纱组织织出蟒杂宝纹，也可称为"实地纱"。此蟒杂宝纹的主花为四爪蟒纹，蟒纹散点排列，相邻行蟒头相反，二二错排。蟒纹周围饰有杂宝纹样。蟒纹作升蟒状，有二角，二眼圆瞪，嘴部大张露牙，发向后上方飘，四爪巨大有力。杂宝纹有铜钱、方胜、宝珠、银锭及如意等。

70 凤穿花卉纹

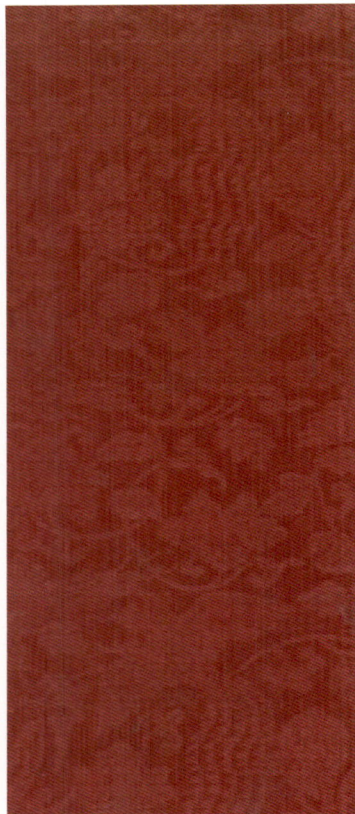

明：凤穿花卉纹经皮

尺寸：36.2厘米×12.8厘米
美国费城艺术博物馆藏

　　该经皮为传世品，纹样是凤穿花卉纹。花卉枝条缠绕满布画面，可见牡丹、茶花、莲花、菊花四种花卉形态；凤鸟羽毛丰满，二二错排，相邻行头部朝向相反。四季花卉枝繁叶茂，凤鸟穿插其中。凤的形象自古就有，与龙不同，凤更多与女性的形象联系在一起，故总与花卉共舞，两者结合，象征安宁吉祥、富贵兴旺。

71 团凤杂宝纹

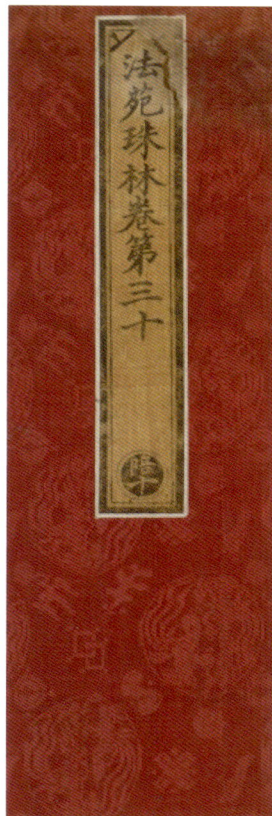

明：团凤杂宝纹经皮

尺寸：36.2厘米×12.7厘米
美国费城艺术博物馆藏

　　明代团凤杂宝纹经皮，传世，经皮上有书"法苑珠林卷第三十（陪十）"。该经皮图案由二二错排的团凤纹样组成，间饰杂宝纹样。团窠内一鸾一凤，回首相对，呈喜相逢式。杂宝有火珠、犀角、如意、铜钱、双方胜、银锭、珊瑚等。杂宝纹在宋元时期就已流行，主要为器物图形，明清时期渐渐定型和成熟。

72 曲水地团凤纹

明：曲水地团凤织金双鹤胸背大袖衫

尺寸：衣长101厘米，通袖长220厘米
浙江嘉兴王店李家坟明墓出土
中国丝绸博物馆藏

　　此曲水地团凤织金双鹤胸背大袖衫，出土于浙江嘉兴王店李家坟明墓，为李湘之妾徐氏墓所出。曲水地团凤纹暗花绸是该大袖衫除胸背外的衣料，绸料以三枚斜纹地上六枚斜纹显花。此曲水地团凤纹以卍字曲水纹为地，散点分布团凤，团凤垂直方向二二错排，相邻两行凤鸟的头部方向相反，凤鸟尾巴可见由四条长羽构成，围合成圆。团凤周围点缀杂宝纹样，有珊瑚、犀角、法螺、铜钱、双方胜、火珠及银锭等。

73 菱格螭纹

明：菱格螭纹绸裤

尺寸：裤管残长56厘米，裆深41厘米
浙江嘉兴王店李家坟明墓出土
中国丝绸博物馆藏

　　菱格螭纹绸裤，出土于浙江嘉兴王店李家坟明墓，为李湘之妾徐氏墓所出。菱格螭纹绸裤面料为菱格螭纹绸，织物以三枚斜纹地上六枚斜纹显花。纹样为菱格螭纹，以回字纹构成菱格形骨架，菱格内分行填充两种造型的螭纹，螭身体蜷曲，隔行错排，相邻行螭纹头部方向相反。

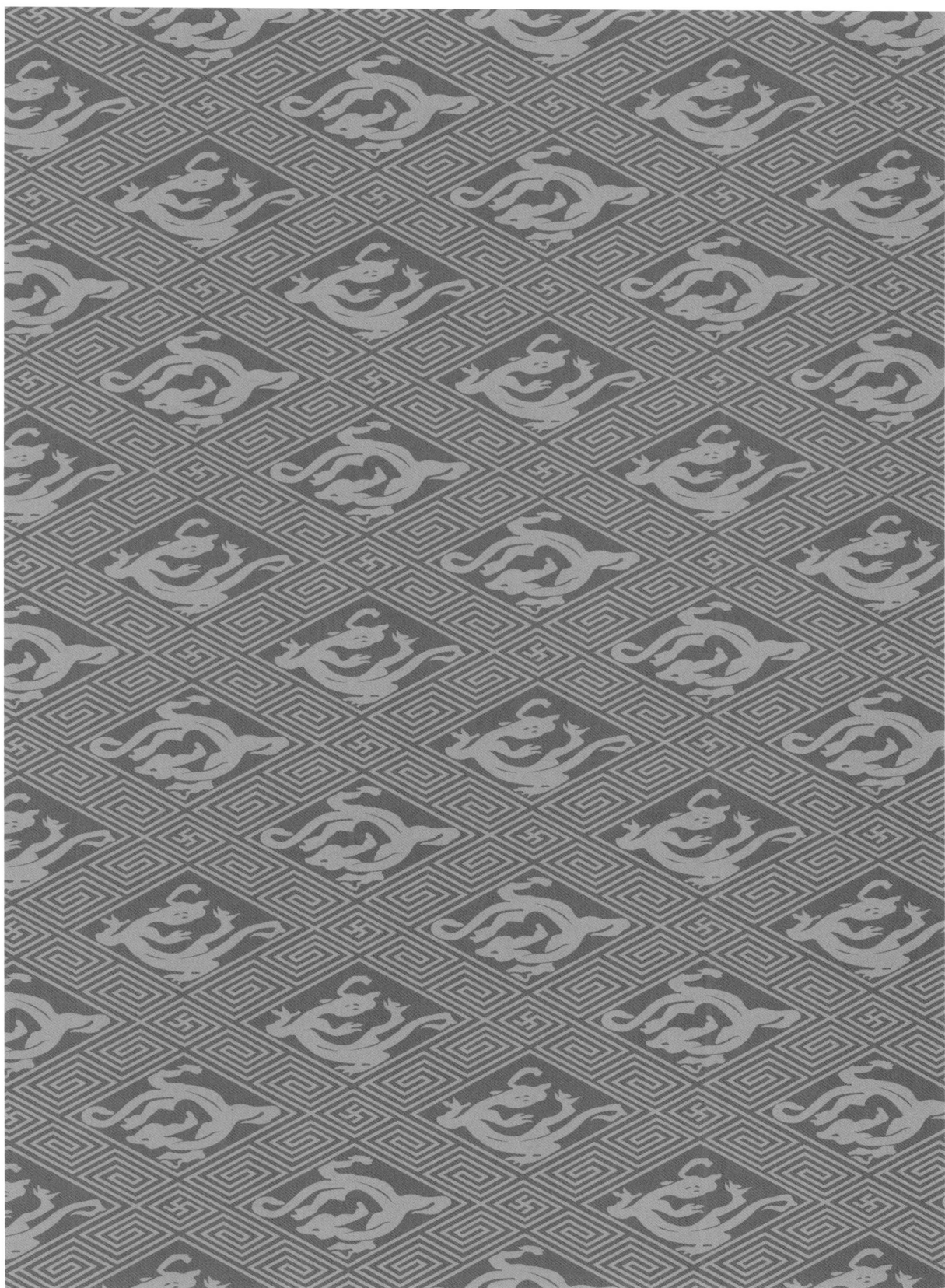

74 菱格卍字锦地开光蟠螭纹

明：菱格卍字锦地开光蟠螭纹绸残片

尺寸：40厘米×50厘米
浙江嘉兴王店李家坟明墓出土
中国丝绸博物馆藏

　　菱格卍字锦地开光蟠螭纹绸残片，出土于浙江嘉兴王店李家坟明墓，为李湘之妾徐氏墓所出。菱格卍字锦地开光蟠螭纹绸，以三枚斜纹地上六枚斜纹显花，织出菱格卍字蟠螭纹。该纹样以卍字菱形格为地纹，主纹为蟠螭纹，装饰于菱花形开光内，开光垂直方向二二错排。

75 云鹤团寿纹

明：麒麟绣补云鹤团寿纹绸大袖袍

尺寸：衣长 120 厘米，通袖长 225 厘米

浙江嘉兴王店李家坟明墓出土

中国丝绸博物馆藏

　　麒麟绣补云鹤团寿纹绸大袖袍，出土于浙江嘉兴王店李家坟明墓，为李湘之妾徐氏墓所出。该大袖袍的袍身面料为云鹤团寿纹绸，织物在三枚斜纹地上以六枚斜纹显花，织出云鹤团寿纹。此云鹤团寿纹以流云纹作地纹，团寿纹开光，仙鹤纹为饰。团寿纹分两种形式，Ⅰ型团寿纹的上下各有一只向下而飞的仙鹤，Ⅱ型团寿纹的上下各有一只向上而飞的仙鹤，两组不同的团寿纹与仙鹤纹各成一列，隔列二二错排，纹样生动而不杂乱。

76 云鹤纹

明清：香色云鹤纹暗花绫装裱材料

尺寸不明

北京故宫博物院藏

　　香色云鹤纹暗花绫，清宫旧藏。该暗花绫质地细密，花纹精致清晰。云鹤纹以勾连的纤细单线条描绘出循环往复的云气纹，其上缀以两款飞鹤，一款直立造型，一款俯冲造型。两款仙鹤纹样散点排列于云纹之上，二二错排。这类暗花绫常常用于经皮、书画、囊匣等的装裱。

77 仙鹤缠枝花卉纹

明：仙鹤缠枝莲花缎夹寝单

尺寸：226厘米×60厘米
江苏常州王洛家族墓出土
常州市武进区博物馆藏

　　该寝单的主体面料为仙鹤缠枝莲花缎，寝单两端饰有回纹。仙鹤缠枝莲花纹的缠枝藤蔓形成波线式四方连续骨架，每列波线形藤蔓上长出两种造型的莲花，隔行错排。垂直相邻的每两朵花头不一样并呈反向排列，水平方向上每行牡丹造型一致且花头方向相同。在相邻的两朵莲花中间穿插仙鹤纹样，鹤、花、叶造型优美自然。该纹样表达了对富贵与长寿的祈愿。

78　云鹤杂宝纹

明：绛色地云鹤纹暗花绸

尺寸：36.5厘米×13.5厘米
北京故宫博物院藏

　　该明代绛色地云鹤纹暗花绸为清宫旧藏。暗花绸是经纬同色的斜纹地组织上以斜纹组织显花的提花织物，质地细密。此云鹤纹暗花绸纹样以飞鹤和四合如意云纹为主，间饰以杂宝纹，纹样二二错排。杂宝纹为火珠、铜钱、双犀角、银锭、单犀角、书宝、双方胜、珊瑚等。

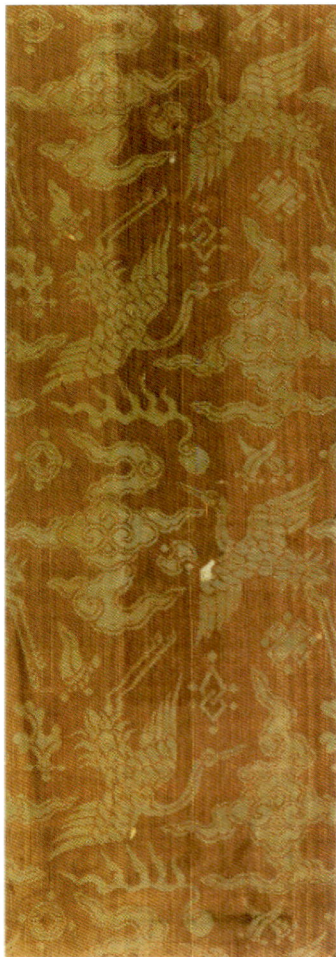

79 绶鸟四季花纹

明：四季寿庆暗花缎广袖袍

尺寸：衣长136厘米，通袖长236厘米
中国丝绸博物馆藏

　　四季寿庆暗花缎广袖袍，明代中晚期织物。该广袖袍面料为四季寿庆暗花缎，此暗花缎采用明代流行的正反五枚缎作基本组织，在一个循环中织出牡丹、荷花、菊花、梅花等代表四季的花朵，同时还有两只衔磬的绶带鸟在花丛中穿插飞舞。这里用四季花卉、绶鸟与磬表示四季庆寿或四季吉祥之意，为一种吉祥纹样。

80 衔枝飞鸟纹

明：衔枝飞鸟纹经皮

尺寸：35.6厘米×12.7厘米
美国费城艺术博物馆藏

  该传世明代经皮面料的纹样是二二错排的云形飞鸟衔枝纹，穿插杂宝纹样。此飞鸟衔枝纹样以柿蒂造型的云纹作为云窠，云窠由上下云角相连，形成之字形构图。窠内一飞鸟，羽毛丰满，短尾，口衔一枝叶。云窠外点缀有犀角、铜钱、珊瑚和小云纹。

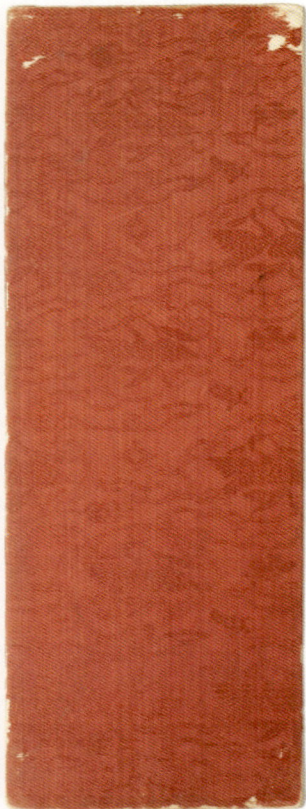

81 禽鸟折枝纹

明：禽鸟折枝纹缎袜

尺寸：底长25厘米，鞒长42厘米，口宽19厘米
浙江嘉兴王店李家坟明墓出土
嘉兴博物馆藏

　　禽鸟折枝纹缎袜，出土于浙江嘉兴王店李家坟明墓，为李湘之妾陈氏墓所出。缎袜面料为禽鸟折枝纹暗花缎。禽鸟折枝纹由飞鸟嘴衔卷曲的带叶桃花折枝连续构成波状四方连续，禽鸟折枝相邻行垂直镜像，隔行方向相同，元素于垂直方向二二错排。飞鸟造型生动自然，纹样展示出一派春光明媚的景象。

82　鸟衔花枝纹

明：鸟衔花枝纹缎夹袄

尺寸：通袖长218厘米，衣长82.5厘米
江苏无锡七房桥钱樟夫妇墓出土
无锡市文化遗产保护和考古研究所藏

　　该夹袄对襟，大袖，袖作琵琶袖，衣长及腰。面料为鸟衔花枝纹暗花缎，衬里为绢。该鸟衔花枝纹由一燕子嘴衔一枝五瓣小花枝和一株有着两朵五瓣花和花苞的折枝构成，两个主要图案在一行内交替排列，相邻行元素垂直镜像，各元素垂直方向二二错排。燕子双翅展开，羽毛丰满，颈部弯曲。折枝花纹样枝条优美自然。

111 杂宝折枝纹

明：杂宝纹绸长衫面料

尺寸：衣长130厘米，通袖长84厘米，袖宽39厘米，腰宽75厘米

江苏泰州胡玉墓出土

泰州市博物馆藏

　　该长衫交领，右衽，短袖，两腰各有一对系带。面料为杂宝折枝纹暗花绸。纹样由杂宝纹样和折枝纹样构成。折枝枝叶图案化，叶片火焰形，折枝二二错排，周围散布杂宝纹，有双方胜、珊瑚、犀角、如意、银锭、蕉叶和火珠等。

112 折枝牡丹菊花杂宝纹

17世纪：俄国军旗用折枝牡丹菊花杂宝纹缎

尺寸：20.5厘米×31.5厘米
瑞典军事博物馆藏

　　该折枝牡丹菊花杂宝纹缎为瑞典军事博物馆所
藏的一面俄国骑兵旗底布的一部分。该旗由瑞典军队
于1703年在萨拉登战役中缴获。折枝牡丹菊花杂宝
纹主花为一行牡丹折枝、一行菊花折枝隔行排列。牡
丹折枝有大牡丹一朵，花瓣边缘自然弯曲，花侧一株
小花，主干长有小菊花。菊花折枝有大菊花一朵，针
状发散式花瓣，花侧长有小菊花，花心部呈如意云头
状。主花中间穿插有杂宝纹，可见书、剑、磬、如
意，杂宝纹均饰缓带。

113 并蒂折枝杂宝纹

明：折枝凤凰麒麟奔马织金缎裙

尺寸：裙长84厘米，下摆宽176厘米

浙江嘉兴王店李家坟明墓出土

嘉兴博物馆藏

　　折枝凤凰麒麟奔马织金缎裙，出土于浙江嘉兴王店李家坟明墓，为李湘之妻墓所出。并蒂折枝杂宝纹为该裙暗花缎上的纹样，纹样由两种长有两个花头的并蒂折枝与杂宝纹构成，每个折枝长出并蒂的一株莲花和一株牡丹，两种折枝上的花头造型不同。两种折枝隔行二二错排，折枝空隙穿插饰有方胜、宝珠、如意头、银锭、犀角等杂宝纹样。

114 杂宝花卉纹

明：杂宝花缎褶子面料

尺寸：衣长135厘米，通袖长240厘米，袖宽42
厘米，袖口宽17厘米，腰宽67厘米
江苏泰州徐蕃夫妇墓出土
泰州市博物馆藏

　　该褶子交领，右衽，大袖，上衣下裳式，面
料为杂宝花卉纹暗花缎。织物以正反五枚缎纹组
织，织出杂宝纹样与折枝花卉纹样。折枝花为莲
花折枝，莲瓣枝叶均图案化，折枝花二二错排，
相邻行花头方向相反。杂宝纹环绕莲花折枝散布，
杂宝有铜钱、犀角、双方胜、珊瑚、如意、银锭、
蕉叶、火珠。

115 折枝芙蓉菊花八吉祥纹

17世纪：俄国军旗用折枝芙蓉菊花八吉祥纹闪缎

尺寸：195厘米×116厘米，190厘米×108厘米
瑞典军事博物馆藏

　　该折枝芙蓉菊花八吉祥纹闪缎为瑞典军事博物馆所藏的俄国步兵旗棕榈枝部分的织物（共两块面料）。该旗可能由瑞典军队于1700年在纳尔瓦战役中缴获。该纹样的主花为一行折枝芙蓉，一行折枝菊花，二二错排。芙蓉花心为如意状，主干长有兰花。菊花花心为莲蓬状装饰，可见莲子，主干长有小花果。主花间穿插八吉祥纹样，有盘长、法轮、宝伞、双鱼、宝瓶和法螺纹样。

116 折枝莲杂宝纹

明：柳绿地折枝莲杂宝暗花缎经皮

尺寸：33.5厘米×12厘米

北京艺术博物馆藏

　　明代柳绿地折枝莲杂宝暗花缎经皮，上有书"大方广佛华严经卷第十五"。织物以相近色彩的经纬纱线以五枚正反缎组织织出折枝莲杂宝纹样，面料呈柳绿色。织物纹样上的折枝莲小巧简洁，二二错排，花间饰杂宝纹样。杂宝可见金锭、火珠、铜钱、方胜纹样。

117 缠枝莲花杂宝纹

17世纪：俄国军旗用缠枝莲花杂宝纹缎

尺寸不明

瑞典军事博物馆藏

　　该缠枝莲花杂宝纹缎为瑞典军事博物馆所藏的一面俄国步兵旗的部分边缘面料。该旗制作于1693年，由瑞典军队于1700年缴获。此缠枝莲花纹的缠枝藤蔓形成波线式骨架，莲花造型有两种，隔行排列，花头与缠枝间散布杂宝纹样。一种莲花可见莲蓬、莲子，周围散布方胜、宝珠、如意等杂宝纹样。一种莲花花心闭合，周围散布犀角、笔锭、珊瑚、铜钱等杂宝纹样。

118 柿蒂窠杂宝纹

明：黄杂宝纹亮花绸

尺寸：128厘米×142厘米

北京明定陵出土

北京故宫博物院藏

该织物纹样为柿蒂窠杂宝纹。纹样以柿蒂形为基本单元进行纵横排列，形成几何形骨架，骨架内填杂宝纹样。柿蒂窠内纹样，中心为金锭纹样，四周饰四个绶带铜钱纹。柿蒂窠之间的空隙内，中心为四枚如意头组合纹样，四周饰火焰状折枝。

119 团花杂宝纹

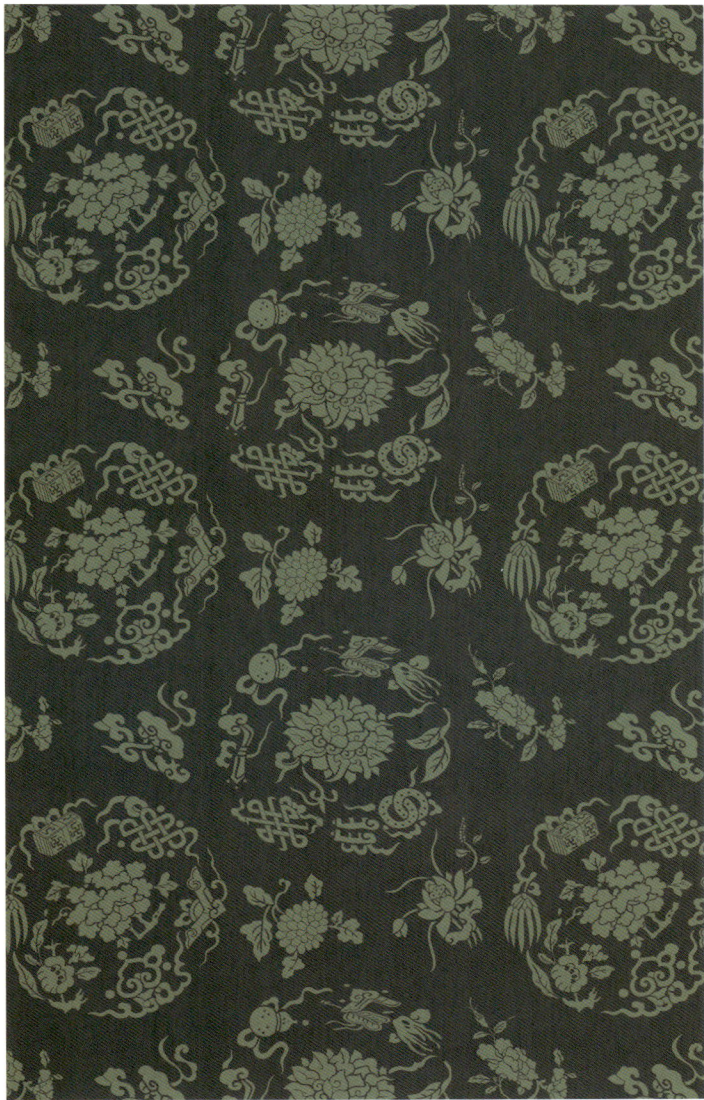

17世纪：俄国军旗用团花杂宝纹缎

尺寸：26厘米×23厘米，22厘米×10厘米
瑞典军事博物馆藏

　　该团花杂宝纹缎是瑞典军事博物馆所藏的俄国步兵旗上花叶装饰部分面料（共两块面料），该旗由瑞典军队于1703年在萨拉登战役中缴获。此团花杂宝纹以两款花卉杂宝团花为主要纹样，二二错排，两组大团花的外部空隙点缀花卉植物纹样。大团花Ⅰ款：中心为一株折枝牡丹，四周以盘长、磬、如意、石榴、羽扇、书册纹样围合成圈，形成团花；大团花Ⅱ款：以一株宝相花折枝为中心，四周以佛手、叶子、双环、盘长、如意、葫芦、磬扇等环绕形成团花。团花外点缀有菊花、牡丹、荷花、灵芝等植物折枝纹样。

120 杂宝小团花纹

明：花缎直摆

尺寸：衣长138厘米，通袖长249厘米，胸宽76厘米，下摆宽117厘米
江苏泰州森森庄明墓出土
泰州市博物馆藏

该衣物为交领，右衽，宽袖。直摆面料为杂宝小团花纹暗花缎，织物以正反五枚缎组织织出小团花与杂宝纹样，团花纹样织有莲花、牡丹、桃花纹样，折枝花卉外形呈团状，隔行二二错排，团花四周散布杂宝纹样，有铜钱、火珠、犀角、方胜、蕉叶、如意、银锭、书宝。

121　缠枝莲八吉祥纹

明：橘黄地缠枝莲八吉祥暗花缎经皮

尺寸：35.5厘米×12厘米
北京艺术博物馆藏

　　橘黄地缠枝莲八吉祥暗花缎是明代大藏经经书裱封用料，织物以同色经纬纱线以正反缎组织织出缠枝莲八吉祥纹样，面料呈橘黄色。莲花与八吉祥组成造型，以缠枝枝干环绕串联，莲花侧视造型，花瓣舒展，花上托有八吉祥纹样。八吉祥为法轮、法螺、华盖、宝伞、双鱼、莲花、盘长及宝瓶。

122 卍字杂宝纹

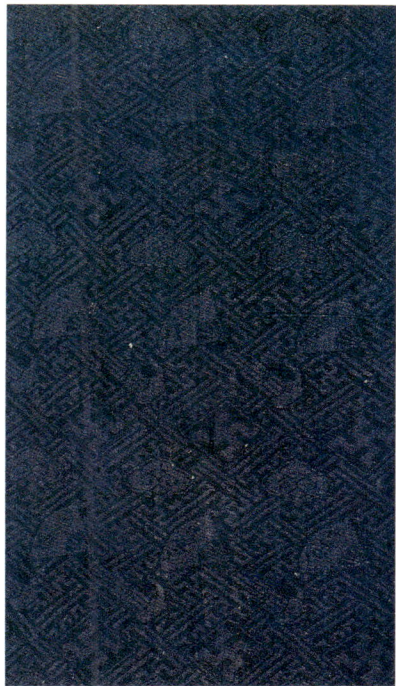

明：蓝色卍字杂宝纹暗花绫

尺寸：33厘米×12.7厘米
北京故宫博物院藏

　　此暗花绫为清宫旧藏，织物以蓝色经纬纱线在四枚斜纹地上以四枚斜纹显花，织出曲水卍字杂宝纹样。织物纹样地部为卍字曲水，其上有菱形开光，开光内填有右旋的卍字（卍形），两行卍字开光间饰以杂宝纹样，杂宝有如意、折扇、笙，三种杂宝分行散点交错排列。卍字原本不是汉字而是梵文，意为"胸部的吉祥标志"。卍字于东汉末年传入中原，在武则天当政时，被正式用作汉字，唐宋以来，除了佛教使用外，还成为具有祥瑞意义的符号，明清两代也继承了这一传统。卍字纹在暗花丝织物中大量出现。[1] 此种工艺较为细腻的绫织物主要用于经书裱封，在美国费城艺术博物馆及北京艺术博物馆馆藏的明代经皮中均有所见。

---

[1] 苏淼，王淑娟，鲁佳亮，等. 明清暗花丝织物的类型与纹样题材. 丝绸，2017，54(6)：81-90.

123 曲水如意庆寿纹

明：曲水如意庆寿纹绫交领衫

尺寸：衣身残长92.5厘米，通袖宽222厘米，胸宽约60厘米，衫摆横宽70.5厘米，领高约11.6厘米
宁夏盐池冯记圈明墓出土
盐池县博物馆藏

　　明代曲水如意庆寿纹绫交领衫，宁夏盐池冯记圈明墓3号墓出土，为男尸贴身内衣。袍衫右衽，交领、窄袖。面料为曲水如意庆寿纹绫，织物在三枚斜纹组织地上以六枚斜纹组织显花，织出曲水如意庆寿纹。曲水如意庆寿纹以卍字曲水为地，形成菱形和双方胜形开光：菱形中分别填如意纹与双桃纹，双桃上饰有卍字纹，有万寿之意；双方胜中填有磬纹，"磬"与"庆"同音，指代庆祝、喜庆。

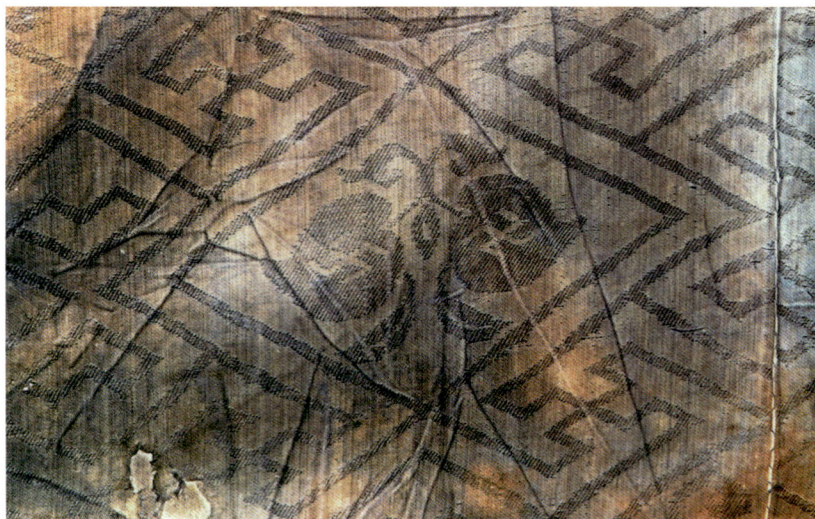

124 银锭卍字纹

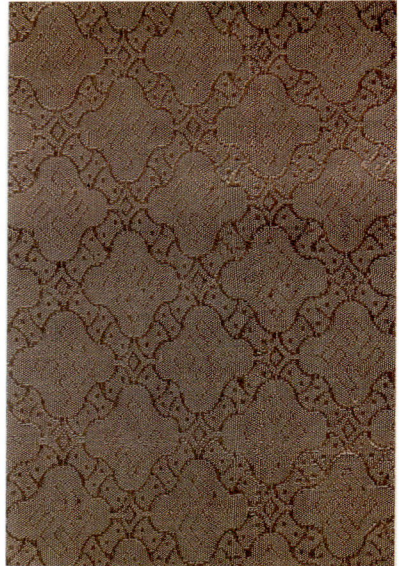

明：银锭卍字绮

尺寸不明

苏州博物馆藏

　　该织物以平纹组织为地，纬浮长显花，织出银锭卍字纹样，纹样略有凸起。纹样以密布的银锭纹为地，其上柿蒂窠开光，开光散点错排，窠内填卍字纹。卍字左旋，以双线空心勾勒。织物花清地明，细密平整。

125 龟背卍字纹

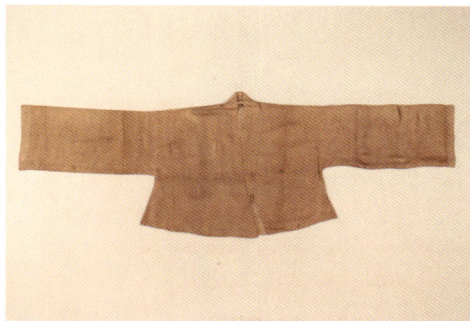

明：卍字田格纹绮长袖夹衣

尺寸：衣长61厘米，通袖长184厘米，袖宽29.5厘米，下摆宽85厘米

江苏无锡大浮乡九碑墓钱氏墓出土

中国丝绸博物馆藏

　　卍字田格纹绮长袖夹衣，为明永乐年间（1403—1424）织物。该夹衣对襟，直领，袖缘用绢贴边，衣身面料为1/1平纹地上起龟背卍字花的绮，织物细密紧实。此夹衣上的龟背卍字纹样以六边形龟背纹构成几何骨架，六边形内填有右旋的卍字纹样，纹样整体规整细腻。

126 菱格卍字地缠枝莲纹

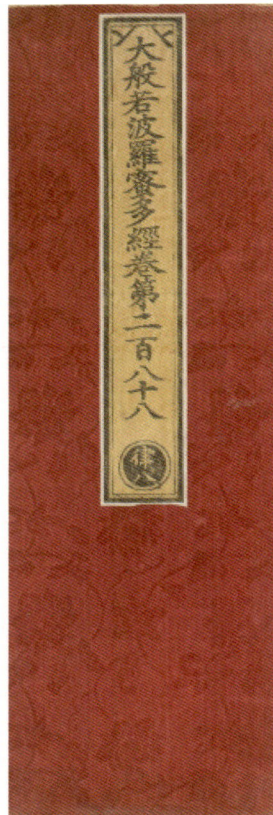

明：菱格卍字地缠枝莲纹经皮

尺寸：36.2厘米×12.7厘米
美国费城艺术博物馆藏

　　明代菱格卍字地缠枝莲纹经皮，经皮上有书"大般若波罗蜜多经卷第二百八十八（律八）"。该经皮纹样由菱格卍字纹与缠枝莲纹构成，菱格卍字纹是在菱形骨架内填卍字，均匀布局，为明清时期常见的丝绸地纹题材；在菱格卍字地基础上再饰以缠枝莲花纹，此缠枝莲枝条形成波卷缠绵的基本样式，枝条上缀两种造型的莲花花头。整体纹样寓意富贵绵长。

127 菱格卍字地花卉纹

明：菱格卍字地花卉纹绫经皮

尺寸：36.2厘米×12.6厘米
美国费城艺术博物馆藏

　　明代菱格卍字地花卉纹绫经皮，经皮上有书"大般若波罗蜜多经卷第九十九（月九）"。该经皮纹样由菱格卍字纹与折枝花卉构成：菱格卍字纹在菱形骨架内填有左旋的卍字纹，作为地纹；在地纹上有二二错排的折枝花卉，折枝花卉造型有二，一为折枝菊花，二为折枝桃花，形成"锦上添花"的纹样样式。

128　折枝花卉卍字纹

明：茶绿地折枝花卉卍字暗花绫经皮

尺寸：35厘米×12.2厘米
北京艺术博物馆藏

　　茶绿地折枝花卉卍字暗花绫是明代大藏经经书裱封用料。织物以茶绿色经纬纱线织出花卉与卍字纹样。纹样主要由两款折枝花卉构成，一行折枝双梅花，一行折枝单桃花，隔行错排，每行折枝花卉间点缀小型纹样，折枝梅花行间点缀卍字纹，折枝桃花行间点缀六瓣小花，风格简洁典雅。

139 菱格螭虎纹

明：菱格螭虎纹绸对襟上衣

尺寸：衣长92厘米，袖宽34厘米，胸宽62厘米
浙江嘉兴王店李家坟明墓出土
嘉兴博物馆藏

菱格螭虎纹绸对襟上衣，出土于浙江嘉兴王店李家坟明墓，为李湘之妾陈氏墓所出。衣物立领、对襟、宽袖，面料为菱格螭虎纹暗花绸。菱格螭虎纹绸纹样以卍字回纹构成菱格骨架，菱格内填充两种动物纹样，螭纹和虎纹，两种纹样隔行填充，垂直方向二二错排。

140　菱格仙鹤云纹

明：菱格仙鹤云纹经皮

尺寸：36.2厘米×12.8厘米
美国费城艺术博物馆藏

　　该明代菱格仙鹤云纹经皮上有书"成唯识论卷第六（义六）"。该经皮以同色经纬纱线织出菱格仙鹤云纹，回纹构成菱形骨架，菱形骨架交叉处饰卍字纹，菱格内填有飞鹤、如意云纹样。飞鹤与如意云分别作菱形适合纹样造型，飞鹤向上飞舞，曲颈回首。飞鹤、如意云在菱格内二二错排分布。